이승만의 토지개혁과 교육혁명

이승만의 토지개혁과 교육혁명

이호 지음

차 례

국민과 인민

한국의 오늘은 수수께끼다. 2차 대전 후 신생 독립한 140여 개 나라 가운데 유일하게 산업화에 성공했고 유일하게 민주화를 달성했으며, 유일하게 원조 받는 국가에서 원조 주는 국가로 변신했지만, 그 업적을 기억하는 이는 드물다. 기념비적이고 기록적이며 기적적인 성취에 대하여, 젊은 세대는 미소가 아니라 냉소를 보낸다.

세계가 우리를 보는 눈과 우리가 자신을 보는 눈은 심한 짝짝이처럼 부조화스럽다. 유래가 없는 성공과 역시 유래가 없는 자멸적이고 자학적(自虐的)인 역사관의 문제를, 우리에게 익숙한 4지 선다형 객관식으로 풀어본다.

① 중앙일보 기자들이 브라질의 룰라 대통령(2003~2010년 재임)에게 물었다. "브라질처럼 풍부한 자원을 가진 나라에 왜 5,000만 명이 넘는 절대 빈곤층이 있습니까?"

룰라가 대답했다. "한국은 과거 1950년대에 토지개혁을 했지만 브라질은 그러지 못했고, 아직도 그것이 풀어야 할 숙제입니다."

이 나라 좌파들이 찬탄해마지 않는 브라질의 좌파 대통령은, 이 나라 좌파들이 거품을 물고 비판하는 이승만의 토지개혁을 가슴 아프게 부러워했다.

② 강원도 춘천에 있는 예광교회 조영춘 목사를 비롯한 한국인들이 인도의 대통령궁을 방문했다. 압둘 깔람(2002~2007년 재임) 대통령은 한국의 목회자들에게 물었다. "인도에는 아직도 카스트 제도가 남아서 온갖 문제의 근원이 되고 있는데, 한국에서는 어떻게 신분의 차별이 없어졌습니까?"

③ 2006년 세계은행(World Bank)은 토지개혁과 경제성장의 상관관계를 입증하는 보고서를 발표했다. 더 많은 국민들에게 효과적으로 토지를 분배한 나라일수록 경제성장률이 높았다는 결론이다. 이 보고서를 토대로 최성재는 제일 성공적인 토지개혁 국가가 한국임을 지적한다.[1] "객관적 자료에 의하면, 이승만의 토지개혁은 인류 역사상 가장 아름다웠다."

④ 우리나라 고등학교 교과서에 이승만의 토지개혁은 실패작으로 묘사된다. 반대로 북한의 토지개혁은 효과적이었다면서 '토지는 농민에게'라고

쓴 북한의 선전 포스터를 그대로 보여준다. 교과서를 제대로 공부한 학생이라면 가장 빠른 경제성장으로 기네스북에 오른 '한강의 기적'의 바탕이 된 우리의 토지개혁은 실패라고 생각하게 된다. 반대로 400만이 굶어죽은 '대동강의 비극'을 낳은 북한의 토지개혁은 성공으로 기억하게 된다.

4개의 지문 가운데 어울리지 않는 하나가 있다. 정답은? ④번이다. 잘못 쓰인 지문을 바로잡으려면, 제대로 쓰인 다른 지문들을 검토해야 한다. 브라질과 인도의 대통령, 세계은행의 보고서가 말하고 있는 우리 현대사의 정답은 토지개혁과 신분 해방이다.

땅을 나누어주고 사람을 풀어줌으로써 대한민국은 무지렁이에 까막눈이었던 '백성'을, 경제적으로 정신적으로 독립된 '국민'으로 전환시켰다. 반대로 북한은 가련하게 짓밟혔던 '백성'을 더 비참한 '인민'으로 전락시켰다.

국민으로의 전환과 인민으로의 전락, 그것이 남과 북을 갈랐고 성공과 실패를 구분했으며 '한강의 기적'과 '대동강의 비극'을 나눈 분기점이었다.

1부

■

압제당한 자들의 초상,
조선의 인민(人民)

이방인의 눈에 비친, 있는 그대로의 조선

조선의 역사는 불가사의하다. 500년이 넘는 장구한 세월 동안, 붓을 든 선비가 칼을 든 무사를 다스렸다. 붓으로 칼을 제압하고 문(文)으로 무(武)를 통치한, 기이한 역사다. 칼날을 무력하게 만들 정도로, 조선의 붓은 강력했다.

　선비들의 붓끝에서 습관처럼 쓰인 글자는 '민(民)'이었다. 백성을 사랑한다는 애민(愛民)이며, 백성을 위한다는 위민(爲民)이고, 백성이 나라의 근본이라는 민유방본(民惟邦本)이었다. 그러나 이론과 실제 사이에는 숙명과도 같은 거리가 있다. 말과 행동 사이는 위선만큼

멀다. 예술적인 작품으로 탄생한 양반들의 서예에 남아있는 백성과,
실제로 그 시절을 살아갔던 백성의 거리는 하늘과 땅만큼 멀었다.

조선 말기, 이 땅에 찾아왔던 이방인들이 있다. 그들은 있는 그대
로의 조선을 보았고 만난 그대로의 사람들을 기록했다. 그네들이
남긴 역사의 페이지를 넘기다가, 혼마 규스케(1869~1919)를 발견한
다. 그는 일본의 지식인이었고 모험가였으며 스파이였다. 조선 팔
도를 누비며 그가 남긴 기록은 일본에 조선을 알리는 중요한 정보가
되었다. 그 정보들은 훗날 일본이 조선을 강탈하는 길잡이가 되기
도 했다.

혼마 규스케는 조선에 희한한 '종족'이 있다고 말한다. 해가 뜰 때
부터 해가 질 때까지 아무 일도 하지 않고 담뱃대나 물고 누워있는
종족이다. 이처럼 게으른데도 부자의 대부분은 이들 종족이다. 혼마
규스케는 그들을 가리켜 '양반 종족'이라고 부른다.

일하지 않으면서 부자인 양반 종족과 정반대로, 가혹한 노동에 시
달리면서도 가난해야 하는 부류가 있다. 혼마 규스케의 『조선잡기
(朝鮮雜記)』를 인용한다. [2]

"조선에서는 중류 이상의 양반은 모두 하인이라고 하는 자를 데리
고 있다.… 이들은 봉급을 받고 노예가 된 것도 아니다. 대부분은 돈
을 빌렸기 때문에 어쩔 수 없이 몸을 맡기고 있는 것이다. 그렇지 않

으면 위력에 눌러서 인질이 된 자로, 일단 이렇게 되면 자자손손 영구히 주인집의 천한 일에 복종하고, 개나 말과 같이 일을 해야 할 의무를 갖는다.… 저들 노예는 이러한 나쁜 관습에 속박되어, 평생 주인집에 묶인 바가 된다. 장가를 가도, 자식을 결혼시켜도 내 의사대로 할 수가 없을 뿐만 아니라, 일하거나 쉬거나 말하거나 침묵하는 작은 일에 이르기까지 자유로이 할 수가 없다. 배가 고프다고 해서 밥을 계속해서 먹을 수 없다. 추워도 옷을 껴입을 수가 없다. 만사를 주인의 명령에 따르지 않으면 안 된다.

일단 하인이 된 자는 하늘로부터 받은 정신을 주인에게 바치고, 개나 말과 같은 지경에 떨어져도, 참담한 슬픈 눈으로 눈물을 머금고, 일생을 마치지 않을 수 없다. 뿐만 아니라, 평생 대대로 아무 것도 모르는 자자손손으로 하여금 이러한 기막힌 운명에 빠지게 하지 않을 수 없다.

그러므로 주인집의 대우가 가혹하여 도저히 참을 수 없게 되면 몰래 탈주하여 유민이 되는 자가 많다. 그러다 불행히도 다시 주인에게 사로잡히면, 신의를 배반한 불충의 죄를 받아 한층 더 잔혹한 대우를 견뎌내지 않을 수 없다. 참으로 이들은 불쌍한 백성이라고 할 수 있다.”

양반과 하인을 묘사하면서 일본의 정탐꾼은 탄식한다. “우리나라와 가까이에 있는 이웃나라에 아직도 노예 제도가 행해지고 있다고 하면 누가 그것을 진실이라고 하겠는가."

스파이도 사람이었다. 호시탐탐 조선을 노리던 일본 정탐꾼의 눈에도 슬프고 불쌍한 사람이 밟혔다. 우리를 그토록 괴롭힌 자들의 눈에 비친 조선 하인의 슬픈 눈은, 그래서 더 슬프다. 헐벗고 굶주린 채로 멸시와 천대를 받아야 하는 천민들의 운명에 대한 기록은 이 땅에 찾아온 이방인들의 기록 곳곳에서 발견된다.

미국 선교사 제이콥 로버트 무스(1864~1928)는 무려 25년에 걸쳐, 조선 말기와 식민지 시대의 강원도를 자전거로 여행했다. 가난한 농민들이 살았던 시골 마을들을 구석구석 살핀 그의 기록에는 조선인들을 향한 강렬한 애정이 담겨 있다. 혼마 규스케가 '이익을 위한 시장'의 관점에서 조선을 보았다면, 대조적으로 제이콥 로버트 무스는 '구원을 위한 선교지'로 보았다.

하지만 애정으로 바라본 선교사의 눈길도 어느 대목에 이르러서는 가차 없이 차가워졌다. 양반들에 대한 묘사[3]이다. "거기에는 직업도 없고 어떤 종류의 일도 하지 않는 수천 명의 특별한 존재가 있다. 이들은 길을 거닐고, 긴 곰방대로 담배를 피우며, 옛 지혜의 심오함에 대해 대화를 나누는 선비 역할을 하는 것 외에는 하는 일이 없다. 이들이 바로 양반 혹은 사대부(士大夫)들이다. 그들은 여러 해

동안 한문 공부를 해서, 국왕 폐하께서 이런 무가치한 인간 벌레들에게 관직이라는 은총을 내리면 그것을 감읍하여 받아들일 존재들이다."

미국 선교사는 '무가치한 인간 벌레'라는, 선교사답지 않은 비난을 양반들에게 퍼부었다. 정반대로 그가 한없이 동정적으로 묘사하는 대상들이 있다.

"어린 딸에게 지어주는 이름은 그것이 무엇이든 상관이 없다. 곧 잃게 될 것이기 때문이다. 딸은 어린 꽃(少花), 어린 소(少牛), 어린 돼지(少豚), 또는 무엇이든 기억하기 쉬운 이름으로 불러 가족 내의 다른 아이들과 구분한다.

때로는 일순이, 이순이 등으로 가족의 구성원이 되는 순서로 이름을 삼기도 한다. 종종 'sorrowful'의 의미를 갖는 '섭~섭~이'로 부르기도 해서, 자기 이름이 불릴 때마다 그 어린 것은 자신이 가족에게 슬픔을 가져왔다고 되새길 수도 있을 것이다."[4]

"이들 어린 아내들은 문자 그대로 이 집에 끌려온 노예들이다.… 어린 소녀들은 결혼하기 전이나 후나 다를 바 없이 시어머니의 집에 들어온 그 날부터 시어머니에 대한 복종의 인습에 속박된다. 그들은 문자 그대로 노예로서, 방앗간에서 식량을 준비하고 그 집안에 노비가 있었더라면 노비에게나 맡겼을 온갖 종류의 가사를 다 맡게 된다."[5]

여자들은 태어나면서부터 환영받지 못했다. 남자로 태어나지 못해 부모에게 '섭섭함'을 안겨준 '섭섭이'였다. 단지 여자라는 이유로, 노예처럼 살아야 하는 조선 여인들은 참으로 가여운 존재들이었다.

양반, '윗분'의 일생

로버트 제이콥 무스가 비판한 '무가치한 인간 벌레'는 어떻게 혼마 규스케의 지적처럼 재산가의 대부분을 차지하는 '양반 종족'이 되었을까? 왜 조선의 상민들과 여인들은 멸시와 천대를 받아야 했을까? 수많은 인생들을 불행의 구렁텅이에 빠뜨렸던 신분제의 기원은, 어처구니없게도 불분명하다.

송준호는 『조선 사회사 연구』(일조각, 1987)에서 양반을 정의하기가 지극히 곤란하다고 말한다. 왜냐하면 양반이냐 양반이 아니냐가 법과 절차를 통해서 구분된 것이 아니기 때문이다. 양반과 비양반의 기준은 사회 관습을 통해서 형성된 것이기에 상대적이고 주관적이었다.

이규태 역시 양반의 기준이 불명확함을 지적한다.[6] "양반이란 말뜻처럼 애매모호한 것도 없을 것 같다. 인종이 상천민(常賤民, 상민과 천민)과 다르다는 것도 아니요, 법령으로 신분 취득과 상실을 확연하게 정해 놓은 것도 아니요, 더더군다나 호적에 양반, 상민이 표시되어 있는 것도 아니었다. 말하자면 양반이란 한갓 사회적인 호칭에 불과했다. 따라서 학문적으로 정의를 내린다는 것은 당초부터 불가능한 일이다."

정의하기도 어려운 '양반'이라는 단어는 언제부터 사용되었을까? 그것도 명확하지 않다. 이규태는 '원시 부락 자치 시대의 족장 및 원로의 유계, 품계가 높은 벼슬을 한 명문, 우수한 경학자(經學者)를 배출한 가계 또는 그러한 가계를 매수 혹은 참칭한 자들을 총괄 지칭하는 명칭'에서 비롯되었다고 추정한다.

다시 말해서 옛날부터 귀족이었거나 높은 벼슬을 했거나 세도를 부리던 집안들로부터 양반이 유래되었다는 추측이다.

하지만 명확한 기준으로 구분되지 않은 신분제는 인간의 삶을 명확하게 구분해놓았다. 실제적인 삶에서 양반과 양반이 아닌 사람의 삶은 '특권'과 '천대'만큼 달랐다. 양반은 일하지 않는 사람들이었다. 육체로 노동하는 일은 아랫것들, 천한 것들, 상놈들의 차지였다. 육체노동에 대한 극도의 천시는 일하는 것 뿐 아니라 걷는 것조차도 천하게 만들었다.

조선 말기의 관료들이 왕궁에 들어갈 때는 대개 가마를 타고 갔다. 양반들이 거드름을 피우며 앉아있으면, 아랫것들이 땀을 흘리며 가마를 들고 갔다. 하지만 왕궁 안에까지 가마를 타고 들어갈 수는 없었다. 아무리 양반이라도 임금 앞에 나아갈 때는 가마에서 내려서 걸어야 했다. 어쩔 수 없이 가마에서 내리면, 하인들이 기다리고 있었다.

높으신 양반님네는 양쪽에서 겨드랑이를 잡은 하인들에게 끌려가다시피하면서, 자신의 발로 걷는 수고를 최대한 피하며, 왕궁으로 들어갔다. 이처럼 기이한 광경을 목격한 조선 말기의 이탈리아 외교관 로제티는 다음과 같이 말했다.[7] "그들에게는 혼자 걷는다는 것 자체가 품위를 떨어뜨린다는 관념이 배어 있다."

손 하나 까딱하지 않는 양반들이 부자로 살 수 있었던 이유는 '토지'와 '노비' 때문이었다. 조선은 농업 국가였다. 대부분의 백성들이 농사를 지었다. 농업에서 제일 중요한 두 가지는 농토와 노동력이다. 땅이 있고 농사지을 사람이 있으면 수확을 거두는 것은 당연한 결과이다. 양반들은 땅을 소유하고 노비를 부렸기에, 일하지 않고도 재산을 축적할 수 있었다.

양반가의 재산 정도를 확인할 수 있는 자료로 『경북지방 고문서 집성』이 있다.[8] 영남대학교 이수건 교수가 중심이 되어 경상북도 지방의 양반가들이 소장하고 있는 문서를 조사해서 펴낸 자료집이다. 『경북지방 고문서 집성』에 따르면 경북 전체에서 첫 손가락에 꼽힐 만큼 넓은 토지를 소유한 인물이 안동 지역의 권벌(1478~1548)이다. 그가 소유한 농토는 2,312두락(斗落)이었다.

두락은 경지의 면적을 표시하는 전통적인 방법으로, 순수한 우리 말로는 '마지기'라고 부른다. 1두락 혹은 한 마지기는 벼나 보리 등의 종자 한 말을 파종할 넓이의 토지다. 1두락을 오늘날의 넓이로 환산 하면 대략 200평이지만, 권벌이 살았던 16세기에는 100평 정도였 을 것으로 추측된다. 따라서 권벌의 소유는 20만평에서 40만평 사 이였을 것이다.

광활한 대지를 소유한 권벌에게는 그곳에서 농사를 지을 노비도 있었다. 조선의 양반들이 후손들에게 재산을 분배한 내역을 기록한 문서가 분재기(分財記)이다. 권벌의 분재기를 보면 총 317명의 노비 를 분배하고 있다. 317명이 글자 그대로 노예처럼 일한 대가를 양 반 한 사람이 차지한다면, 일하지 않고도 부자로 살 수 있음은 당연 하다.

양반가의 재산 규모를 확인할 수 있는 또 다른 자료로 한국학중앙 연구원 정구복 교수팀이 작성한 『고문서집성 3, 해남 윤씨편』이 있 다. 이것은 전라남도 해남에 자리 잡았던 해남 윤씨 어초은파(魚樵隱

派) 종손가에서 남긴 방대한 고문서를 조사한 연구물이다.

이 일족은 윤효정(1476~1543)을 파의 시조로 하는데, 윤효정의 4대 손이 유명한 윤선도(尹善道, 1587~1671)이다. 해남 윤씨의 재산 관련 문서에는 윤선도의 증손인 윤두서가 자녀 열두 명에게 물려준 재산 내역이 기록되어 있다. 노비 584명, 농지 2,400두락 이상의 막대한 규모였다. 이 시기의 1두락은 150평에서 200평으로 추측되기 때문에, 오늘날의 면적으로는 120~160헥타르, 혹은 36만평~48만평이다.

윤선도는 강직했던 선비였다. 권력자들의 그릇된 행태에 가차 없이 직언을 날렸고 그로 인해 일평생 유배지를 떠돌았다. 명성 높은 지식인이요 고위 관료였지만 죄인 취급을 받았던 굴곡 많았던 일생 동안 변함없는 그의 벗은 자연이었다. 윤선도의 대표작으로 "오우가(五友歌)"가 유명하다.

내 벗이 몇인가 하니 수석(水石)과 송죽(松竹)이라

동산에 달 오르니 그 더욱 반갑구나

두어라 이 다섯밖에 또 더하여 무엇하리

물과 돌과 소나무와 대나무와 달, 그 다섯 친구가 있으니 또 더할 것 없다고 시인은 노래했다. 참으로 아름다운 시요 맑고 깨끗한 작품이다. 그러나 시인이 시인으로만 살 수는 없었다. 시인은 시인으로만 살지도 않았다. 시인은 양반이었고 지주였다. 시인이 물과 돌과 소나무와 대나무와 달을 노래하는 동안, 시인이 먹고 입고 쓰고 노래할 수 있도록 노비들은 피땀 흘려 일했다. 이것이 조선이었다.

조선 인민, '아랫것'의 일생

조선의 백성들을 일컫는 공식적인 용어는 '인민(人民)'이다. 송호근은 인민의 존재 이유를 한마디로 요약한다. "수분공역(守分公役)을 다하는 것."[9]

다시 말해서 세금을 내고 노동력으로 동원되는 것이 전부인 일생이다. 인간으로서의 권리는 없고 오직 의무를 다해야만 한다. 다스리지 못하고 다스림을 받아야만 하며, 가르치지 못하고 가르침을 받아야만 한다.

유교 국가 조선에서 인민들의 위치는 유교 경전인 『역경(易經)』을 따라 '갓난아기(赤子)'로 규정되었다. 임금이 부모이고 지방 관리는 유모이며 백성은 갓난아기이다. 적자(赤子)인 인민(人民)의 처지를 대표하는 용어가 '적자입정(赤子入井)'이다.

이는 갓난아이가 우물에 빠진다는 뜻으로, 위태로운 장면을 묘사한다. 우물가에 갓난아기를 놓아두면 큰일이 난다. 부모가 지켜야하고 어른들이 돌보아주어서, 혼자서 걷다가 우물에 빠지는 사태를 막아야 한다. 이처럼 철없고 사리를 분별하지 못하며 위험을 보고도 위험인 줄 모르는 존재로 취급당했던 이들이 조선의 상민과 천민, 다시 말해 인민이었다. 그들을 돌보는 부모가 임금이었고 지켜주고 가르치는 어른들이 양반이었다.

하지만 태어나서 죽을 때까지 갓난아기인 사람은 없다. 마찬가지로 나면서부터 어른이고 부모인 사람도 없다. 지극히 당연한 이치를 무시해서 누군가는 끝까지 어린 아이로, 반대로 누군가는 끝까지 어른으로 만들어놓은 논리가 현실적으로 적합할 수는 없었다. 양반들은 신분제를 가리켜 '하늘의 뜻'이라고 주장했지만, 사실은 '인간의 굴레'였을 뿐이다.

조선의 양반 사대부들은 백성들을 갓난아기라고 부르면서도, 갓난아기들에게 너무나 가혹했다. 갓난아기를 보호한다는 명분을 내세웠지만, 실제로는 가혹하게 부려먹으며 일을 시켰고 수확을 바치게 했다. 갓난아기의 노동을 착취해서 생계를 유지하는 어른, 그들이 조선의 지배층이었다.

짓밟히고 수탈당했던 백성들은 저항의 노래를 불렀다. 언제, 누가

지었는지도 모르는 채로 사람들의 입에서 입으로 떠다녔던 노래의 한 토막을 소개한다.

일신이 살자 하니 물 것 겨워 못 살리로다

피껴 같은 가랑니, 보리알 같은 수퉁니

잔 벼룩 굵은 벼룩 왜벼룩, 뛰는 놈 기는 놈에,

비파 같은 빈대새끼, 사령같은 등에 어미,

갈따귀 사마귀, 센 바퀴 누런 바퀴, 바구미, 거머리,

부리 뾰족한 모기, 다리 기다란 모기, 살찐 모기, 야윈 모기.

서민들의 노랫말은 직설적이다. 사람을 깨물어서 못 살게 만드는 온갖 벌레들을 묘사한다. 벌레들처럼 다양하게, 그토록 지긋지긋하게, 그만큼 집요하게 양반들은 상민과 천민들을 괴롭혔다.

착취하는 지배층이 이끌어가는 나라가 온전할 수는 없다. 신분 국가 조선이 멸망해가던 1906년 이인직의 신소설 『혈(血)의 누(淚)』가 발표되었다. 제목을 우리말로 옮기면 '피눈물'이 된다. 근대 소설의 시작으로 평가되는 작품은 '아랫것'들의 피눈물나는 고백을 토로한다.

"나라는 양반님네가 다 망쳐 놓으셨지요. 상놈들은 양반이 죽이면 죽었

고, 때리면 맞았고, 재물이 있으면 양반에게 빼앗겼고, 계집이 어여쁘면 양반에게 빼앗겼으니 소인 같은 상놈들은 제 재물, 제 계집, 제 목숨 하나 위할 수가 없이 양반에게 매였으니 나라 위할 힘이 있습니까. 입 한 번 잘못 벌려도 오금을 끊어라, 귀양을 보내라 하는 양반님 서슬에 상놈이 무슨 사람값이 나가겠습니까."

사람값이 나가지 않는 상민들이 사람처럼 살려면 양반이 되어야 했다. 양반이 되면 가혹한 수탈을 면할 수 있었다. 그래서 백성들은 기를 쓰고 양반이 되려고 했다. 그 결과로 양반 숫자는 계속 늘어났다. 숙종(1690) 때 전 인구의 6.7%에 불과했던 양반 수가, 93년 후인 정조 때는 30%로 늘어났고, 다시 그로부터 75년 후인 철종 때는 44.6%로 늘어났다. 평민이나 천민보다 양반이 더 많아진 것이다.

이규태는 이 현상을 가리켜 '머리만 크고 다리는 가느다란 기형적인 신분 구조'[10]라고 표현했다. 가느다란 다리로 큰 머리를 지탱하려니, 기울어질 수밖에 없다. 일하지 않는 사람은 늘어나고 일하는 사람은 줄어드니, 나라가 망하지 않을 수 없었다.

양반의 수가 늘어나는 것과 마찬가지로 노비의 숫자도 늘어났다. 일부 평민들이 대규모로 양반이 되는 사이에, 또 다른 일부 평민들과 몰락한 양반들은 노비로 전락해 버렸다. 조선 중기 명종 때 노비

수가 40만에 달했다는 기록이 남아 있는데, 고종 41년의 호구 조사에 의하면 그보다 훨씬 늘어 100만을 넘기고 있다. 100만이면 전 인구의 10분의 1에 해당한다. 열 사람이 모이면 그중에 한 사람은 노비였다는 사실이다.

신분제의 밑바닥, 백정

신분제의 제일 밑바닥에 백정이 있었다. 성대중(1732~1890)은 『청성잡기(靑城雜記)』에서 한마디로 요약한다. "우리나라에서 가장 천한 자는 백정이다." 백정은 가축을 도살하는 도축업자들로 알려져 있지만, 사실은 다양한 직업군을 가리켰다. 사냥꾼, 죄수의 목을 치는 망나니, 광대, 노래패, 가죽과 버드나무 수공업자들이 백정으로 취급당했다.

백정의 숫자는 꽤 많았다. 『성종실록』에 따르면, 한때 백정이 차지하는 비율이 평민의 4분의 1에서 3분의 1을 차지했다. 백정의 비율은 지역에 따라 달랐다. 백정의 주요 생계 수단이었던 사냥을 하기에 적합한 지역에서는 비율이 높아졌다.

『세종실록 지리지(地理志)』에는 남원 지역의 총인구가 5,000명 정도라고 기록되어 있다. 그중에서 2,000여 명이 백정으로 전 인구의 40%를 차지한다. 남원 지역이 지리산 일대에 자리 잡고 있으므로 사냥감이 많았기에 백정들이 많이 살았던 것으로 추측된다.[11]

조선 역사의 곳곳에 백정들이 겪어야 했던 고통과 슬픔이 배어 있다. 순조 9년(1809) 황해도 개성에서 폭동이 일어났다. 성난 군중들이 돌을 던지고 집을 불태우고 백정들을 쫓아냈다. 유혈 사태의 발단은 지극히 작은 사건이었다.

조선의 양반이면 누구나 갓을 쓴다. 하지만 양반도 일생에 한 번 갓을 쓰지 못할 때가 있다. 부모님이 돌아가셔서 초상이 났을 때이다. 살아생전 부모를 제대로 모시지 못한 죄인이라는 뜻으로 갓이 아니라 패랭이를 썼다. 패랭이는 대나무를 쪼개서 가늘게 깎은 댓개비를 엮어서 갓 모양으로 만든 것이다.

양반들이 일생에 한번, 부모 초상 때 죄인이라는 표시로 쓰는 패랭이를 백정들은 평생 동안 쓰고 다녀야 했다. 이는 날 때부터 죄인이요 죽을 때까지 죄인이라는 뜻이다. 참으로 가혹한 처사가 아닐 수 없다. 그런데 갓을 쓰느냐 패랭이를 쓰느냐의 문제가 사람이 죽고 집이 불타는 폭동의 원인이 되었다.

개성의 백정 한 사람이 장가를 가게 되었다. 일반 평민들도 결혼하는 날은 왕자와 공주처럼 치장을 한다. 흰옷 입던 신랑이 색동옷을 입고 민낯이던 신부가 연지곤지를 찍고 화장을 한다. 마찬가지로 백정 신랑도 결혼식 날 특별하게 단장을 해서 갓을 썼다. 양반들이 평생 쓰고 다니는 갓을 결혼식 날 단 하루 썼을 뿐인데, 그것이 화근이었다.

백정이 갓을 쓴 사실을 알게 된 양반들이 집을 부수고 사람을 때리고 난동을 부렸다. 아예 백정을 개성 지역에서 몰아내겠다며 백정들의 집을 차례로 파괴했다.

'백정각시 놀이'라는 악습도 있었다. 장이 서는 날처럼 사람들이 많이 모였을 때, 농꾼들이 신명나게 북과 꽹과리를 치며 행진하곤 했다. 그 모습을 구경하기 위해서 사람들이 둘러섰을 때, 행진하던 농꾼들이 백정의 딸을 발견하면 그 자리에서 끌어낸다. 치마를 벗기고 소처럼 끌고 다니거나 말처럼 기어가게 한 다음 등에 올라탄다. '백정각시 놀이'가 시작되면 백정들은 소머리나 계란 등을 바쳐야만 그들의 딸을 돌려받을 수 있었다.

'백정의 입 찢기 사건'이란 끔찍한 일들도 있었다. 백정에게 '자네' 란 말을 들은 한 상민이 밤에 백정의 집에 쳐들어갔다. 곤히 자고 있는 백정을 습격해서 입을 찢어놓았다. 그것이 도화선이 되어 백정의 입 찢기 사건이 꼬리에 꼬리를 물고 잇달아 일어났다.

갑오개혁과 동학 혁명, 그래도 풀지 못한 신분제

잔인하고 끔찍한 족쇄는 1894년에 단행된 근대적 개혁 조치인 갑오개혁으로 풀렸다. 아니, 정확하게 표현하면 풀리는 듯 했다. 갑오개혁으로 실시된 정책 중에는 신분 해방에 대한 명시적인 조항들이 있었다.

- 반상(班常, 양반과 상민) 등급과 문벌을 벽파하고 귀천(貴賤)을 막론하고 인재를 널리 등용할 것(의안 3)
- 비록 평민일지라도 이국편민(나라를 이롭게 하고 백성을 편안하게 함)할 의견을 가진 자는 군국기무처에 상신하여 회의에 부치게 할 것(의안 10)
- 과거제를 폐지할 것
- 공사 노비 문서를 일체 혁파하고 노비 판매를 금지할 것(의안 9)
- 역인(役人, 관청에서 심부름하던 사람), 창우(倡優, 광대), 피공(皮工, 가죽으로 물건 만드는 사람)의 천역을 면하게 할 것(의안 37)
- 과녀의 재혼은 귀천을 막론하고 자유의사에 맡길 것(의안 8)
- 죄인 본인 외 일체의 연좌율을 금할 것(의안 5)
- 민(民)을 대하는 도(道)는 마음을 씀을 공평히 하여 추호라도 귀천

(貴賤)과 친소(親疏)로써 차별함이 없게 할 것(내부 훈시 조목 제1조)

법 조항은 나무랄 데 없이 훌륭하다. 그러나 수백 년 이어져온 관습이 하루아침에 바뀔 수는 없었다. 본래 신분 제도는 법으로 규정된 것이 아니라 사회 관습이었다. 따라서 법으로 차별을 금지한다고 해서 차별의 관습이 사라지기는 불가능했다.

조선 말기의 대표적 언론인 「독립신문」을 뒤적여 보면, 갑오개혁 이후로 계속된 차별의 흔적들을 발견할 수 있다. 서울에서 벼슬을 하던 최 아무개 감찰이 고향인 양주로 이사를 갔다. 그의 집 앞을 지나가는 행인들이 담배라도 피우면, 그는 잡아들여서 하인들을 시켜서 매질을 하면서 호통을 쳤다. "누구의 집 앞인데 감히 담뱃대를 물고 지나가느냐."

말도 안 되는 횡포에 피해자가 항의하면, 그는 무슨 수를 써서라도 마을에서 못 살도록 만들어 내쫓아 버렸다. 「독립신문」은 이 사건을 두고 다음과 같이 꼬집어 비판했다. "최 감찰의 집에다 포청을 설치했는지 그 고을 원은 살필지어다."

이 사건이 일어난 시기가 1896년 10월이었다. 갑오개혁이 1894년에 시작되었음을 고려해보면, 법조문 한 장으로 세상을 바꾸기란 무리였음을 깨닫게 된다.

갑오개혁 이후 3년간의 조선을 목격했던 영국의 여행가 이사벨라 버드 비숍(1831~1904) 역시 비슷한 기록을 남겼다. "개혁에도 불구하고 한국은 아직도 단지 두 계급, 약탈자와 피약탈자로 구성되어 있다. 면허받은 흡혈귀인 양반 계급으로부터 끊임없이 보충되는 관료 계급, 그리고 인구의 나머지 80퍼센트인, 문자 그대로의 '하층민'인 평민 계급이 그것이다. 후자의 존재 이유는 피를 빨아먹는 흡혈귀에게 피를 공급하는 것이다."

비숍의 저서 전체를 읽어보면, 조선과 조선인들에 대해 상당한 애정을 보이고 있음을 알 수 있다. 하지만 양반들에 대해선 '면허 받은 흡혈귀'로, 평민과 천민들의 존재 이유는 '흡혈귀에게 피를 공급하기 위해서'라고 원색적으로 폭로하고 있다.

송호근은 이에 대해 다음과 같이 평가한다. "갑오개혁 이후 3년 동안 조선의 현실을 이보다 더 간결, 명료하게 묘사한 문장은 찾아볼 수 없을 것이다."[12]

갑오개혁은 "위로부터의 개혁"이고 "일본에 의해 강요된 개혁"으로 비판받아 왔다. 위로부터 내려온 개혁이기에 한계가 있었다면, "아래로부터의 혁명"은 달랐을까? 민중사학자들이 격찬해마지 않는 동학 혁명을 살펴보자. 갑오개혁이 신분제 철폐에 효과가 없었다면, 동학 혁명은 효과적이었을까?

혁명의 기운이 무르익어 가던 1892년 12월, 충청도 보은에서 동학교도들의 집회가 열렸다. 그들은 동학의 시조 최제우의 누명을 벗겨주고 포교의 자유를 허락해줄 것을 탄원했다. 이때 동학교도들이 임금에게 보낸 문장(文狀)에는 다음과 같은 글이 있다. "저희는 왕조의 화육(化育)을 받아 온 적자(赤子)입니다. …"

압제자들의 논리를 피압제자들이 그대로 따르고 있다. 국왕과 양반들의 논리에 순응하여 농민들은 자신들이 갓난아기이며 임금이 길러주었다고 고백하고 있다. 혁명이 일어난 뒤에도 사정은 달라지지 않았다.

1894년 3월 20일 동학 혁명의 지도자 전봉준이 한글로 쓴 포고문을 발표했다. 그 글은 동학교도들의 정체성을 다음과 같이 선언한다. "우리는 비록 초야의 유민일지라도 임금의 땅에서 먹고 임금의 땅에서 나는 옷을 입고 사는 자들인지라, 어찌 국가의 위망을 앉아서 보기만 할 수 있겠는가. …"

세상을 뒤흔드는 혁명을 일으켰던 녹두 장군 전봉준의 글에도 전혀 혁명가답지 않은 생각이 담겨 있었다. 임금의 땅에서 먹고 임금의 땅에서 나는 옷을 입은 자들이라고 스스로를 칭하며, 백성이 주인이 아니라 임금이 주인임을 명백히 밝히고 있다.

신분제를 벗어나기란, 이처럼 어려웠다. 위로부터 출발한 갑오개혁도, 아래로부터 시작된 동학 혁명도 신분 철폐와 인간 해방이라는 목적지에 도달하지 못했다. 평등한 세상을 만나기 위해선, 참으로 머나먼 여정을 거쳐야 했다.

식민 통치기, "수캐"와 백정 의사

개혁과 혁명으로도 신분제의 족쇄를 풀지 못한 조선은 결국 1910년 멸망당했다. 조선 말기와 식민 통치를 거치면서 엄격했던 신분제에도 변화가 일어났다. 일본의 강요로 조선의 항구들이 개방되면서, 항구 도시들을 중심으로 상업과 무역이 활발하게 진행되었다.

이때 활약한 인물들은 대개 중인 신분이었다. 양반들이 천하다고 꺼리던 여러 가지 실무를 맡아서 하던 계층이다. 그들은 계산과 정보에 밝았기에 다른 신분보다 상업 활동에 유능했다. 중인들은 밀려 들어오는 수입품을 판매하여 재산을 모아서 토지를 사들였다. 이런 방식으로 부를 축적한 이들은 '신흥 지주'로 불렸다. 기존의 양반 출신 지주들과 달리, 중인 출신으로 지주가 되었으니, '신흥'이라 불릴 만하다.

신흥 지주들은 식민 통치 시기에 자녀들을 일본으로 유학 보내기도 했다. 일본에서 새로운 문물을 익힌 중인의 자식들은 식민 통치기에 일제에 의해서 등용되었다. 중인 신분 출신들이 일제 때 군수를 역임했던 사례들이 다수 발견된다.

중인의 신분 상승과 함께 백정의 해방도 어느 정도 진행되었다. 이처럼 식민 통치기에 중인과 백정 신분에 변화가 일어났지만, 양반의 우위성이 사라지지는 않았다. 사회 변동의 흐름을 탄 중인들과 피나는 투쟁을 전개한 백정들이 상승을 이루어냈지만, 일본 당국자들이 앞장서서 신분차별을 철폐하지도 않았다. 오히려 일제는 식민 통치를 위하여 신분제를 묵인하고 양반의 특권을 인정하기도 했다.

일제 식민 통치기에 남아있던 신분제의 영향력을 확인할 수 있는 두 사례가 있다. 첫째는 2010년에 방영된 드라마 〈제중원〉의 실제 인물인 박서양(朴瑞陽, 1887~1940)이다. 백정의 아들인 그는 최초의 서양 의학 학교였던 제중원 의학교 1회 졸업생(1908)이었다.

백정의 아들이 최초의 서양식 의사가 되기까지, 겪어야 했던 사연은 실로 기구했다. 백정의 자식과 한 교실에서 공부하는 것을 극도로 수치스럽게 여겼던 양반집 도련님들에게 그는 무수히 당했다. 발로 차고 주먹으로 때리는 일은 수시로 일어났다. 뜨거운 동물의 창자를 머리에 뒤집어씌우고 돼지의 피를 뿌리기도 했다. 괴롭히는 방법으로 굳이 동물의 창자나 피를 선택한 것이 바로 신분제의 영향이었다. 그것들은 짐승이나 잡는 백정놈이라는 박서양의 신분을 계속해서 확인하는 잔인한 도구들이었다.

이윤우는 『제중원 박서양』에서 박서양의 신음 소리를 들려준다.[13] "누가 좀 말해주면 얼마나 좋을까. 얼마만큼만 맞고, 꼭 언제까지만 당하고 나면 그 어떤 괴롭힘이나 방해도 더 이상은 없을 거라고 그렇게 약속해주면 얼마나 좋을까. 내가 무얼 어떻게 하면 이 모든 것을 끝내고 자유로워질 수 있을 거라고 누군가 말해 준다면 얼마나, 정말 얼마나 좋을까."

"백정은 짐승을 잡는 사람이 아니었다. 백정 또한 다른 종류의 짐승이었다. 백정이 짐승을 잡는 것은 그저 한 짐승이 다른 짐승을 죽이는 것 말고는 아무것도 아니었던 것이다."

의사가 된 박서양은 세브란스 간호원 양성소의 교수로 활동했다. 하지만 교수가 되었다고 해서, 차별이 사라지지는 않았다. 신분 높은 학생들이 신분 낮은 교수를 무시하는 사태가 번번이 일어났다. 그때마다 박서양은 학생들에게 호소했다. "내 속에 있는 500년 묵은 백정의 피를 보지 말고 과학의 피를 보고 배우라." 교수가 학생에게 절규하면서 가르쳐야 했던 세월이었다.

박서양과 함께 의사가 된 제중원 의학교 1회 졸업생은 고작 7명이다. 우리 민족 전체에서 서양식 의사라고는 손꼽을 몇 사람뿐이었던 시절이다. 그 당시에 서양식 의사라면 대단한 존재였지만, 박서양은 의사이기 이전에 백정이었다.

둘째는 1920년대의 어느 양반 출신 지주이다. 필자는 박물관에서 조선 시대의 노비 문서를 본 적이 있다. '매매(賣買)'라는 단어를 보고 충격을 받았다. 실제로 종이 한 장에 사람이 사고 팔렸다는 사실에 기가 막혔다. 주인의 서명이 멋들어진 붓글씨로 쓰인 것을 보면서, 아름다움이 꼭 아름다움만은 아니라고 느꼈다.

조선 시대의 노비 문서에는 '수개(壽介)'라는 점잖게 생긴 이름이 자주 발견된다. 양반들이 사용한 한문인데, 뜻은 우리말 발음 그대로 '수캐', 수컷 개이다. 남자종을 수캐라고 불렀으니, 글자 그대로 사람을 개로 취급했다.

수캐로 불린 사람들은 정말 수캐처럼 살았다. 1920년 전라도 구례군 토지면의 유씨 양반가의 일기에 이런 대목이 있다. 정월 초하루에 집안의 종들이 찾아와서 사랑에 앉은 주인을 향해 세배를 드렸다. 그날 주인은 "비록 세상이 변하였지만 주인과 종 사이의 상하 의리는 변하지 않는구나."라고 일기에 적었다.

유씨가 양반의 특권을 흐뭇하게 즐기던 1920년은 법으로 신분 해방이 선포되고 26년이 지난 다음이었다. 미개한 조선인들을 문명으로 개화시킨다며, 일본이 우리 강토를 점령한 후로 10년 세월이 흐른 뒤였다. 그때까지도 새해를 맞으면 주인집을 찾아 마당에서 수캐처럼 엎드려 세배를 드려야 했던 것이 종놈의 처지였다.

정월 초하루면 추운 겨울이다. 눈이 내리는 경우도 있었다. 겨울날 늙은 어르신들이 새파랗게 젊은 청년에게 땅바닥에 엎드려 절을 했다. 어른 공경 잘하기로 소문난 동방예의지국(東方禮儀之國)에서 어떻게 이런 일이 가능할 수 있었을까? 늙은이가 상놈이고 젊은이가 양반이면 얼마든지 있을 수 있는 일이었다.

박서양과 양반 지주 유씨의 실화는 법으로도, 식민 통치로도 근절되지 않았던 신분제의 병폐를 보여준다. 백정을 인간으로, 수캐를 사람으로 만드는 혁명을 위해서는 더 오랜 시간과 과정이 필요했다.

2부

■

밝아오는 평등의 새벽,
문해인민(文解人民)과 선각자들

한글의 재발견과 문해인민

이규태는 신분제에 묶여버린 민족사(民族史)를 인상적인 문장으로 표현한다.[14] "우리 역사상, 사람이 사람이 아니었던 적은 없었다. 반면 사람이 사람이었던 적도 별로 없었다."

사람이 사람이기 위하여, 가장 필요한 요소는 글이었다. 글은 존재를 표현할 수 있는 원초적이고 강력한 수단이다. 사람이 노동력으로만, 세금이 나오는 돈줄로만, 윗분들이 하기 싫어했던 온갖 잡일들을 때워주는 아랫것들로만 취급당할 경우에는 글이 필요 없다. 하지만 생각을 가지고 의견을 표현하며 사회에 영향력을 끼치는 인간다운 존재가 되기 위해선 무엇보다도 글이 필요했다.

조선에서 글을 읽고 쓸 수 있는 계층은 극히 한정되었다. 소수의 중인, 평민들을 제외하고는 거의 양반들이었다. 양반들은 권력과 토지를 독점하듯, 문자를 독점했다. 양반들이 선택한 언어는 한문(漢文)이었다. 무지렁이 백성들이 깨우치기에, 한문은 너무 어려웠다.

하지만 조선에는 또 다른 문자가 있었다. 세종이 창제한 한글이다. 지배층이 도외시한 한글은 주로 여인들과 하류 계층에 의해서 사용되었다. 한글은 누구나 익힐 수 있는 글자였다. 평민은 물론 천민들도 어렵지 않게 배울 수 있었다. 백성들이 쉽게 배울 수 있는 글자가 이미 준비되었다는 점은 후세의 역사에 중요한 영향을 끼친다. 누군가 글자를 가르치기만 하면, 양반들이 문자와 지식을 독점하던 시대를 깨뜨릴 수 있기 때문이다.

조선 말기와 식민지 시기, 한글의 위대함과 중요성을 깨우친 선각자들이 등장했다. 양반들이 신성시하던 한문이 아니라 한글로 작품을 남긴 문학가들이다. 대표적인 인물이 근대 문학의 선구자인 춘원(春園) 이광수(李光洙, 1892~1950)이다.

한글로 소설을 썼던 춘원은 한글이 재발견된 공로를 기독교의 선교사들에게 돌렸다. 이광수의 글「야소교의 조선에 준 은혜」를 인용한다.

"한글도 글이라는 생각을 조선인에게 준 것은 실로 야소교회(耶蘇教會, 기독교회)외다. 귀중한 신구약 성경과 찬송가가 한글로 번역되며, 이에 비로소 한글에 권위가 생기고 또 보급된 것이요, 지난날에 중국 경전의 언해(諺解, 한글 번역)가 있었으나 그것은 보급도 아니 되었을 뿐더러 번역이라 하지 못하리만큼 졸렬하였소. 소위 토를 달았을 뿐이었소.

그러나 성경의 번역은 아직 불완전하지만 순 조선말이라 할 수 있소. 아마 조선글과 조선말이 진정한 의미로 고상한 사상을 담는 그릇이 됨은 성경의 번역이 시초일 것이요."

기독교의 성경과 찬송가가 한글로 번역됨으로써, 한글은 신성한 진리를 담은 글자로 높이 평가되었다. 뒤를 이어 이광수와 같은 문인들이 민족의 심금을 울리는 불멸의 작품들을 한글로 남김으로써, 한글은 진정한 '국어(國語)'로 부활되었다. 유교적 신분제에서 '아랫것'으로 천시받던 백성들이 한글을 깨우쳐나감에 따라, 견고했던 신분제의 장벽도 균열되기 시작했다.

위대한 한글학자 주시경(周時經, 1876~1914)은 한문보다 한글을 더 중요한 문자로 강조했다. 주시경의『대한국어문법』발문을 인용한다.

"사회는 여러 사람이 그 뜻을 통하고 그 힘을 서로 연(聯)하여 그 생활을

경영하고 보존하기에 서로 의뢰(依賴)하는 인연(因緣)의 한 단체라. 말과 글이 없으면 어찌 그 뜻을 서로 통하며 그 뜻을 서로 통하지 못하면 어찌 그 인민이 서로 연(聯)하여 이런 사회가 성양(成樣, 모양이나 형식을 갖춤) 되리오. 이러므로 말과 글은 한 사회가 조직되는 근본이요, 경영의 의견을 발표하여 그 인민을 연락(連絡)케 하고 동작(動作)케 하는 기관이라."

주시경의 글에는 연(聯), 통(通), 연락(聯絡), 동작(動作)이라는 단어들이 등장한다. 모두 언어의 기능에 대한 묘사이다. 한 사회를 구성하려면 구성원들 간에 말이 연결되고 글이 통하여 서로 연락과 동작을 주고받을 수 있어야 한다.

하지만 한문을 공식 문자로 사용했던 조선에서는 양반과 상놈 사이에 글이 통할 수도 없었고 사상이 연락되지도 않았으며 동작을 주고받을 일도 없었다. 문자를 독점했던 양반 편에서의 일방적인 지배와 지시만이 있었을 뿐이다. 그런 사회에서의 백성은 통할 수도 없고 연락할 수도 없으며 사회 변혁을 위해서 동작할 수도 없는 존재였다.

주시경은 바로 그 점을 비판했다. 사람이 사회의 구성원으로 역할을 감당할 수 있으려면 말과 글을 통해서 영향력을 전할 수 있어야 한다. 말과 글을 나눌 수 있는 언어 공동체에서만이 사람과 사람의 연대가 가능해진다. 그와 같은 언어 공동체를 만들기 위해서는 한글이 필수적이라고 주시경은 주장했다.

글을 읽고 의견을 표출할 수 있는 대중의 출현은 한 시대에서 다음 시대로 넘어가는 중요한 분수령이다. 신분제적 중세에서 평등적 근대로 넘어가는 특징 역시 문자 해독 능력을 갖춘 대중들이다. 송호근은 이를 문해인민(文解人民, 문자를 읽고 쓸 수 있는 능력을 갖춘 사람들)이라고 표현한다.

"민족의 고유어를 사용하는 문해인민은 근대를 열어젖히는 힘이다. 그것은 근대화의 질료이자 바탕이고 환경이었다. 그것은 근대라는 새로운 시대로 흘러가는 거대한 물결과 같아서 중세적 모습을 띤 어떤 정치 세력이나 제도도 그것의 흐름을 막지 못한다."[15]

비범한 과업을 위한 비범한 인물

문해인민의 출현과 함께 신분 타파를 위한 필수적인 요소는 '인물'이다. 결국에는 사람이 하는 일이기 때문이다. 1443년에 만들어진 한글이 500년 가까운 세월이 지난 다음에야 본격적으로 사용되었다는 역사가 이 점을 증명한다. 아무리 좋은 글자를 만들어도 사람이 쓰지 않으면 소용이 없다.

신분제의 사슬을 깨뜨리고 노예 상태의 백성을 주인된 국민으로 일깨우는 과업은 비범한 능력을 요구한다. 비상한 일에 걸맞은 비범한 인재가 있었으니, 이승만(李承晚, 1875~1965)이다. 청년 이승만은 역적이었다. 1898년 미국식 민주주의를 추진하며 고종 황제 폐위를 모의하다가 적발되었다. 그 까마득한 옛날에 왕을 쫓아내고 민주주의 국가를 세우려고 했으니, 대단히 시대를 앞서간 인물이었다. 그러나 너무 앞서간 혁명가에게 내려진 판결은 '사형(死刑)'이었다.

사형수 이승만은 조선의 중죄수들만 가두는 한성 감옥에 갇혔다. 낮에는 벌레가 온 몸을 물어뜯고 밤에는 고문을 받아 으스러졌다. 피투성이에 만신창이가 된 이승만은 마음의 위안을 찾기 위해서 성경을 읽다가 기독교로 개종한다. 국내에서 양반 출신으로 기독교인이 된 첫 세대에 속한다. 그 후 배재학당에서 이승만을 가르친 미국 선교사들과 이승만에게 호의적이었던 정부 실력자들의 도움으로 사형에서 무기 징역, 무기 징역에서 징역 10년으로 감형되었고 결국 5년 7개월 만에 석방된다.

한성 감옥에 갇혀있던 5년여 세월, 이승만은 선교사들이 제공해 준 한국어, 일본어, 중국어, 영어로 된 책들을 탐독하며 수백 편의 논설을 집필한다. 이승만의 글을 감옥 밖으로 내보내기 위해선 '작전'

이 필요했다.

이승만은 글을 쓴 종이를 말아서 새끼처럼 꼬았다. 부피를 작게 만들어 손바닥이나 옷소매에 감춘 다음, 면회를 온 신문사 관계자들에게 넘겼다. 원고를 받은 이들이 다시 새끼처럼 꼬아진 종이를 풀고 펼쳐서 이승만의 글을 신문에 실었다. 영화의 한 장면처럼 전달된 이승만의 글들은 어두운 역사의 그늘에서 신음하던 조선인들에게 횃불과 같은 길잡이가 되었다.

이승만이 감옥에서 쓴 책, 『독립정신』의 한 대목이다. "자유라는 새로운 이념으로 사람들을 오랜 관습의 굴레에서 벗어나게 하여 좋은 것과 나쁜 것을 구분할 수 있게 해야 한다.… 여기서 결박당하고 있는 마음 상태가 어떤 것인지 자세히 설명하고자 한다.

첫째는 양반과 상민(常民)간 구분을 허물어뜨리지 못하고 있다. 사람은 상, 중, 하 구분 없이 태어난다. 상민도 같은 사람이고 나라의 백성이다.… 양반들이 어려서부터 배운 것이라고는 남을 억압하고 호령하는 것뿐이다. 그들은 권력을 남용하여 모든 사람들의 기를 꺾으며, 저 혼자만 사람이고 다른 사람들을 물건 취급하고 있다. 백성의 재물은 자기 것처럼 마음대로 빼앗고, 미천한 사람들의 여자까지 빼앗아 가기도 한다.

백성들은 그들이 잘 살고 못 사는 것은 오롯이 양반 손에 달렸다고 믿어 양반을 받들어 돕는 것이 그들이 도리라고 여기고 있다. 비록 뛰어난 사람이 있더라도 개천에서 난 용이라 하며 그 능력을 인정하지 않는다. 따라서 일반 백성의 자식들은 아무리 총명해도 경륜을 펼칠 수 없으므로 힘써 노력할 필요가 없다며 배우기를 힘쓰지 않으니 수없이 아까운 인재들이 버려지고 있다.

전국을 통틀어 양반은 전 국민의 천분의 일도 안 된다. 양반들이 모두 나라를 위해 일한다 할지라도 나머지 9백 9십 9는 모두 양반들을 위해 사는 사람들이니 나라에서는 9백 9십 9의 백성을 잃어버린 것이나 마찬가지다. 이처럼 우수한 백성들을 잃어버려 나라는 날마다 쇠퇴하여 이 지경에 이르렀으나 백성들은 이를 깨닫지 못하고 개혁하려 하지 않는다."[16]

벗어나야 할 관습의 굴레를 열거한 이승만이 첫째로 든 사례가 양반과 상놈의 차별이다. 아무리 뛰어난 인재도 신분으로 눌러버리면 사람 구실을 할 수 없으니, 그런 나라가 잘될 수는 없다는 주장이다. 신분제는 "우수한 백성을 잃어버려 나라가 쇠퇴하게 하는" 원흉이었다.

이승만은 사람을 사람으로 살리려면, 제일 중요한 것이 교육이라고 보았다. 아무리 우수한 인재도 죽일 수 있는 것이 신분제라면, 아무리 열등해 보이는 사람도 살릴 수 있는 것이 교육이었다. 1904년

12월 29일자 「제국신문」에는 감옥에서 쓴 이승만의 글 "나라의 폐단을 고칠 일"이 실렸다.

"근래에 여러 사람이 말하기를 우리나라는 인종이 글러서 당초에 어찌할 수 없다 하나 나는 그렇지 않다 하오. 우리나라 하등인을 외국 하등인과 비교하여 보시오. 외국 하등인은 말할 수 없이 괴악한 자 많으나, 우리나라 하등인은 평균점으로 치고도 곧 사부(師父)라 할 만할지라. 이는 외국 하등인의 행위를 많이 보신 이는 다 내 말을 옳다고 하시오리다.

만일 저 외국에 교육이 우리나라 같이 없었던들 그 악한 풍속을 어떻게 다 금하며 그 괴악한 행실을 누가 다 억제하였을는지 모를지라. 여기 앉은 선교사 목사가 다 천성으로 이런 상등인들이 되었을는지 나는 믿지 못합니다."

당시는 세계적으로 인종 차별이 유행이었고 관행이었고 일종의 정설(定說)처럼 받아들여졌다. 백인들이 우월한 인종, 흑인들과 황인들은 열등한 인종으로 여겨졌다. 백인들이 흑인종과 황인종의 땅을 차례로 정복하며 지배하던 시절이었기에, 인종 차별이 당연한 것으로 간주되기도 했다.

그러나 멸망해가던 조선의 지식인 이승만은 인종 우위론에 정면으로 반기를 들었다. 백인 선교사, 목사라도 교육을 받지 않으면 조선의 하등인보다 못할 수도 있다고 주장했다. 이를 뒤집으면 조선의 상놈이라도 교육을 받으면 서양 신사 못지 않은 인물이 될 수 있다는 말이 된다. 그 시대를 배경으로 보면, 대단히 앞서가는 선각적인 의견이요, 민족적 자부심과 자신감의 표현이다.

근대적 인간 이승만

인간이란 어쩔 수 없이 시대의 산물이다. 아무리 탁월해도 그가 나고 자란 환경과 살고 지낸 시간의 한계를 벗어나기는 어렵다. 역사의 무게는 실로 무겁다. 신분제를 타파하는 문제에서도 이 점은 여실히 증명된다.

조선 말기와 일제 강점기를 거치며 무수한 인재들이 조국 광복을 위해서 헌신했다. 그러나 그들을 사로잡고 있었던 사상과 그들이 실제로 살아갔던 모습에는 신분제의 잔재가 뿌리 깊게 남아있었다. 독립 운동을 하면서도 양반과 상놈의 차별은 여전히 존재했다. 투쟁의 대열에 나서면서도 양반들은 양반들끼리, 평민들은 평민들끼리였다.

심지어 해방을 맞은 이후 국군을 창설하는 과정에서도 신분제로 인한 갖가지 해프닝이 일어났다. 창군(創軍) 지도자들 중에 양반이 아닌 자를 국군으로 받아들일 수 없다고 주장하는 인물들도 있었다. 그들은 분명 독립 투사였고 애국자였으며 건국의 공로자들이었지만, 신분제의 고정 관념을 뛰어넘지 못했다.

그 시대의 인물들과 비교해보면 이승만은 단연 군계일학(群鷄一鶴)이다. 2014년에 발표된 세계 대학 랭킹 1위가 프린스턴 대학교이다. 바로 그 명문대학교에서 1910년 이승만은 동양인으로는 최초로 국제법 박사 학위를 받았다. 한국 최초라고 해도 빛나는 영예인데, 동양 최초의 프린스턴 국제법 박사이니, 세계적으로 탁월한 학문적 성취이다.

하지만 이승만이 박사 학위를 받던 해는 그의 일생에서 가장 슬픈 해였다. 바로 그 해 조선이 멸망당했기 때문이다. 이승만은 망국의 슬픔을 토로했다. "조국을 위해서 공부했는데, 나의 조국은 더 이상 나의 나라가 아니었다."

이승만이 식민지로 전락한 조선으로 돌아왔을 때, 그의 강연을 듣기 위해서 구름떼 같은 청중들이 모였다. 1910년 10월 당시로서는 대규모 인파라고 할 수 있는 570명이 모인 강연장에서 이승만은 "세 가지 시원한 것"이라는 충격적인 발언을 했다. 나라가 망했지만 그래도 세 가지 속 시원한 일이 있다는 말이었다. 첫째로 임금이 없어진 것, 둘째로 양반이 없어진 것, 셋째로 상투가 없어진 것이다.

그 당시 조선의 감정적 기류는 비탄이요, 비통이며 비분강개(悲憤慷慨)였다. 오백년 이어온 왕조가 멸망하고 나라님으로 모셔온 임금이 없어짐에 비통해서 자결하는 인물들도 있었다. 그런 마당에 임금이 없어지고 양반도 없어져서 차라리 시원하다는 이승만의 발언은 일대 충격이었다.

송복은 이승만의 연설에 대해서 다음과 같이 해설한다.[17] "그만큼 그는 공화주의자(자유민주주의자)이고 평등주의자였다. 공화주의는 군주주의, 군주제의 반대이다. 고종과 같은 지배 군주는 신분제, 즉 불평등의 시작이며 끝이다. 지배 군주가 있음으로써 그 밑에 신하가 있고 양반이 있다. 임금의 신하는 만백성의 벼리가 아니고 올가미다. 백성의 목을 짓누르고 옭아매고 있는 것이다.

이 신하가 있으면 반드시 양반이 생겨난다. 최고의 불평등, 그것은 오로지 귀속적이기만 한 신분제이고 그 신분제의 기득권자인 양반은 임금이 사라지지 않는 한 없어지지 않는다. 그 임금이 없어졌다 해서 자결하는 사람과 그 임금이 없어져서 너무나 시원하다고 하는 사람의 사회 인식은 하늘과 땅이다."

이승만은 그 시대의 소위 지도층들과 비교하면, 하늘과 땅만큼의 인식 차이를 보였다. 그는 실생활에 있어서도 평등주의자요 근대적 인간이었다. 이승만과 자주 비교되는 인물이 김구(金九)이다. 말년에 대한민국 건국을 반대하고 김일성에게 이용당했던 과오를 남겼지만, 누구도 부인할 수 없는 위대한 애국자였다. 김구를 직접 만났던 박갑동은 다음과 같이 회고한다.[18]

"경교장에 가서 만나면 언제나 김구 선생은 한복 차림으로 있었어요. 내가 김구 선생과 얘기하고 있을 때 비서가 와서 외출하자고 하니까, 바지저고리 차림의 김구 선생이 일어서는 것입니다. 그러면 비서가 두루마기도 입혀 주고, 모자도 씌워 주면서 문도 열어 주는데, 손 하나 움직이지 않더라고요.

그의 비서가 구두도 신겨 주고, 손에다 지팡이를 쥐어 주는 모습이 영락없는 '조선 왕'과 다를 것이 없었어요. 그래서 개인적으로는 임시 정부의 법통을 지켜 온 분이기에 존경했지만, 이 양반 하는 것을 보니까 너무 무식하고, 하는 행동이 '조선 왕'과 같아서 이런 분이 조선의 대통령이 되면, 참 불안하겠다고 생각했어요."

그것은 비단 김구만의 모습은 아니었다. 양반 의식에서 벗어나지 못한 대부분의 지도자들이 귀족 행세를 벗어나지 못하고 있었다. '손 하나 움직이지 않았던' 김구의 모습이 양반들의 대표적인 행태였다. 양반들은 손톱을 길게 길렀다. 손을 움직여 일해야 하는 '아랫것'

에게, 길게 기른 손톱은 불편하고 다칠 위험도 있다. 하지만 손을 쓰지 않아도 되는 '윗분'이라면, 손톱을 길러도 무방하다. 양반들은 손 하나 까딱하지 않는 높은 신분의 표시로, 부드러운 손과 길게 기른 손톱을 자랑했다.

주요 지도자들 가운데 독보적으로, 손을 움직이는 정도가 아니라 몸 전체를 움직였던 인물이 이승만이다. 독립 운동 시절 이승만이 미국 수도 워싱턴의 프레스 클럽에서 연설을 할 기회가 있었다. 뉴욕에서 워싱턴으로 달려갔는데, 손수 운전을 했다. 그것도 과속으로 난폭 운전을 했다. 시간에 쫓겨서 어찌나 급하게 차를 몰았는지, 운전석 옆자리에 앉았던 이승만의 아내 프란체스카는 이렇게 회고했다.

"대통령은 헤드라이트를 켠 채 신호를 무시하고 논스톱으로 곡예 운전을 했다. 2대의 기동 순찰 오토바이가 추격했지만 대통령의 스피드를 따라잡지 못했다. 그때는 어찌나 혼이 났는지 당장 이 양반하고 결별해야겠다는 마음까지 먹었다."

경찰의 추격을 따돌리는 과속 난폭 운전 덕분에, 프레스 클럽에는 정시에 도착했다. 이승만은 연설을 시작했다. 그곳까지 따라온 2명의 기동 순찰 대원은 연설이 끝날 때까지 기다려야 했다. 연설을 마치는 대로 이승만을 조사하려는 의도였던 듯하다.

그런데 그 자리에서 반전이 일어났다. 이승만의 영어 연설이 너무나 감동적이었던 것이다. 청중들의 박수갈채가 수십 번 터졌다. 프란체스카 여사가 돌아보니, 이승만을 조사하기 위해 기다리던 경찰들도 함께 감동을 받아서 박수를 치고 있었다.

연설이 끝나고 이승만이 참석자들과 악수를 나누는 사이에 경찰관이 프란체스카에게 다가가서 속삭였다. "기동 경찰 20년에 내가 따라잡지 못한 단 한명의 교통 위반자는 당신 남편뿐이오. 일찍 천당에 안 가려거든 부인이 조심을 시키시오." 그들은 씩 웃고는 V자를 그리며 되돌아갔다.[19]

너무나 인간적인 이승만의 면모를 보여주는 일화이다. 동시에 근대적 인간이요 평등주의자였던 이승만의 실제 모습을 보여준다. 양반들이 손 하나 까딱 하지 않던 시절에 이승만은 손수 과속 난폭 운전을 해가며 독립 운동에 헌신했다.

1913년 하와이, 우리 역사상 최초의 남녀공학

조선의 서북 지방에서는 딸을 낳았을 때, 아들을 낳지 못해 서운해하는 산모를 이런 말로 위로했다. "한 해 흉년 때웠소." 이 말은 '흉년이 들어도 굶어 죽지 않아도 좋을 재산이 생겼소.'라는 뜻이다. 당시의 농민들은 흉년이 들어 굶어 죽을 지경이 되면 딸을 물건처럼 팔았다.

딸이 없는 사람은 굶어 죽을 수도 있지만, 딸 가진 집안은 그런 대로 목숨만은 이어갈 수 있었다. 그래서 딸은 자식이라기보다도 흉년을 때우는 재산으로 대우받는 경우가 많았다.

한성 감옥에 갇혀있던 이승만은 사람을 사고파는 풍습을 신랄하게 비판했다. 다음은 1901년 3월 25일 「제국신문」에 실린 "자식을 매매하는 혼인 풍속"이다.

"우리나라에 폐단되는 일이 하도 허다해서 이루 다 들어 말할 수 없으되 그 중 제일 시급히 고칠 일 하나가 있으니 곧 혼인하는 법이라.… 돈을 가지고 매매하는 폐단이 무수한 중에 서북도에서는 딸이나 누이 팔기를 짐승같이 하여 가령 여섯 살에 70냥, 일곱 살에 80냥 하다가 10여세만 넘으면 수백 냥씩이 오가는데 그 며느리나 아내 될 이를 돈 주고 사다가 장가들기 전에는 부엌에서 누룽지만 먹게 한다 하니, 그런 야만의 풍속이 어디 있으리오."

악습을 비판하는 동시에, 이승만은 새로운 길을 제시한다. 곧 여성 교육의 비전이다. 역시 감옥에서 쓴『미국흥학신법』의 한 대목을 인용한다. "동방의 아직 개명(開明)되지 못한 여러 나라를 위하여 이제 논급하려고 한다. 생각건대 배움이란 사람이 반드시 다해야 할 직분이며 거기에는 남녀의 구별이 있을 수 없다."

여자를 사고파는 것을 비판하고, 여자도 남자와 똑같이 교육받을 수 있어야 한다는 이승만의 주장은 실로 혁명적이었다. 감옥에서 혁명적인 주장을 펼쳤던 그는 하와이에서 독립 운동을 하면서 자신의 주장을 실천할 기회를 갖게 되었다.

1913년 일제의 탄압을 피해 피신한 이승만은 하와이의 여러 섬들을 여행했다. 무려 45일이 걸린 여행이니, 하와이 제도를 샅샅이 뒤졌다. 그곳에서 이승만은 비참한 처지에 있는 조선인 소녀들을 만났다. 어려서 중국인이나 하와이 본토인에게 팔려간 여자 아이들이었다. 학교는 당연히 못 다녔고 일찌감치 팔려갔으니 한국말도 할 줄 몰랐다. 계집아이를 팔아버릴 재산으로 여겼던 조선인들의 악습이 하와이에서도 계속되었던 것이다.

어린 나이에 강제로 결혼을 해야 하는 딱한 처지의 소녀들도 많았다. 이때의 심정을 이승만은 1913년 9월 13일『국민보』에서 토로했다.

"이것을 이름은 혼인이라 하나 실상은 팔아먹는 것뿐이니 개명 시대에

흑인 노예도 매매를 금하거든 하물며 제 동족의 어린 계집아이를 이렇듯 참혹히 파는 것을 보고 그저 있기가 과연 도리가 아닌 것 같소이다."

이승만은 여행을 마치고 호놀룰루로 돌아오면서 어려운 처지에 있던 6명의 소녀들을 데리고 왔다. 그 아이들을 가르치는 것으로 하와이에서의 교육 운동을 시작했다.

1913년은 이승만의 하와이 망명 생활이 시작된 해인 동시에, 5,000년 역사에 획을 그은 위대한 사건이 일어난 해였다. 그해 가을, 이승만이 하와이 한인 중앙 학원의 교장으로 취임하자 19명의 소녀들이 찾아왔다. 팔려 다니는 여자 아이들을 구출하고 가르쳤던 이승만의 마음에 감동한 소녀들이 특별한 요청을 했다. 그것은 여자들도 학교에서 배울 수 있게 해달라는 간청이었다. 이 요청을 받아들여 이승만은 하와이 한인 중앙 학원을 남녀공학으로 만들었다.

'남녀 7세 부동석(不同席)'이라 하여, 일곱 살만 되어도 남자와 여자를 떼어놓았던 당시로서는 실로 혁명적인 조치였다. 너무나 급진적인 방법에 하와이의 한인들은 격렬하게 반발했다. 미국인들조차도 시기상조라며 반대하는 의견이 많았다. 하지만 감옥에서부터 남녀평등을 주장했던 이승만은 신념을 굽히지 않았다. 처음에는 논란이 심했지만, 시간이 흐르면서 이승만을 이해하는 교민들이 늘어났다.

세계 최고의 명문대학교에서 동양인 최초로 국제법 박사 학위를 받았던 인물이, 본인이 원했다면 세계적인 학자나 교수도 될 수 있었던 실력자가, 노예처럼 취급당하던 소녀들을 모아서 정성을 다해서 가르치는 모습에 교민들은 감동을 받기도 했다. 학문적으로도 뛰어난 수준이었던 이승만이 심혈을 다해서 쌓아올린 학교의 수준에 한인들이 대단히 만족한 점도 남녀 공학 학교의 정착에 도움이 되었다. 결국 어렵게 시작된 남녀 공학 제도는 교인들의 지지와 미국인들의 찬사 속에 성공적으로 뿌리를 내렸다.

밤이 깊을수록 별은 더 빛난다. 칠흑같이 어두운 밤은 역설적으로 별빛의 찬란함을 돋보이게 하는 배경이며 조연이다. 밤이 깊고 어둠이 짙었다는 것은 새벽이 가까이 왔다는 증거이기도 하다.

일제 강점기는 분명 암흑이었다. 그러나 암흑의 세월을 배경으로 보석처럼 빛났던 선각자들이 있었다. 한글을 우리 글자로 삼고, 상놈과 천민들을 같은 사람으로 품으며, 팔려가던 소녀들을 교육의 대상으로 껴안았던 그들은 새로운 시대를 준비하는 선구자들이었다.

우수한 글자가 있었고 앞서가는 인물들이 있었기에 신분 국가는 평등 국가로, 양반 국가는 국민 주권 국가로, 식민지 조선은 자유 대한민국으로 거듭날 수 있었다.

3부

■

대한민국 국민,
토지개혁과 교육혁명

이승만의 토지개혁

심리학자 에리히 프롬은 말했다. "빵이 없는 자유는 자유가 아니다."
먹거리가 없어 굶어 죽을 지경에 주어진 자유라면, 죽을 자유밖에는
안 된다. 살려는 자유요 살리려는 자유라면, 먹고 사는 문제가 해결
되어야 한다. 그래서 이승만은 신분 문제를 경제 문제로 보았다. 신
분 해방을 말로만 선포할 것이 아니라, 실제로 경제적인 대책을 마
련해야 했다. 이승만이 선택한 신분 해방의 첫 번째 방법이 '토지개
혁'이었다.

　1936년의 기록을 보면, 우리나라 전체 농가의 75%가 남의 땅을

빌어서 농사짓는 소작농이었다. 소작료는 대개 한 해 수확의 절반 정도였다. 일 년 내내 고된 노동을 해서 벌어들인 수입의 절반을 땅주인(地主)에게 바쳐야만 하니, 농민들이 풍요롭게 살기는 불가능했다. 그러고도 혹시 지주가 마음이 변해서 소작을 끊어버리지 않을까 걱정해야 했다. 농민이라고 하지만 사실상 농노(農奴)에 가까웠다.

소작농과 지주의 관계는 곧 양반과 상민의 관계였다. 지주들은 거의 양반이었고 소작농은 상놈들이었다. 이처럼 신분제는 지주와 소작이라는 경제 문제와 연결되어 있었다. 조선 말기의 갑오개혁에서 법으로 신분 철폐를 규정해놓았고 수많은 선각자들이 인간 해방을 외쳤음에도, 신분 차별이 끈질기게 남아있는 이유도 여기에 있었다.

법과 사상을 따라서 소작농들이 해방을 부르짖는다면, 양반 지주들의 대책은 간단했다. 더 이상 양반들의 땅에서 농사를 짓지 못하도록, 소작을 끊어버리면 그만이다. 그러면 해방과 평등을 외친 대가로 농민들은 굶어야 한다. 그러니 차별 철폐니 평등이니 하는 말들은 그림의 떡에 불과했다.

이승만이 바로 이 점을 간파했다. 이승만에게 토지의 문제는 곧 인간의 문제였고 민주주의의 문제였다. 땅이 없어 노예처럼 사는 백성들을 땅을 가진 국민으로 해방시키는 문제였다. 민주주의를 경제와 연결해 생각했다는 점에서 이승만의 천재성이 빛을 발한다.

1899년에 투옥된 한성 감옥에서부터 신분제 철폐를 꿈꾸었던 이승만은 50년 가까운 세월 동안 개혁의 칼을 갈았다. 드디어 역사의 결정적인 순간이 다가오던 1948년 3월 20일, 이승만은 오랜 친구인 올리버(Robert T. Oliver)에게 자신의 결심을 토로했다. "우리 정부가 수립되면 토지개혁법이 제일 먼저 제정될 것이오."

이승만의 구상에 따라 1948년에 제정된 제헌헌법은 제 86조에서 "농지는 농민에게 분배하며 그 분배의 방법, 소유의 한도, 소유권의 내용과 한계는 법률로써 정한다."고 명시했다. 이처럼 대한민국의 토지개혁은 합법적인 절차를 따라서 진행되었다. 나라가 세워질 때부터 농지는 농민이 소유한다는 원칙을 아예 헌법으로 정해놓은 것이다.

헌법에 따라 법안 제정 작업이 진행되었다. 법안을 만들기 위해서 제일 먼저 정확한 농촌 실태와 토지 소유 상황에 대한 자료가 있어야 했다. 하지만 망국(亡國)과 식민지기를 거친, 세계에서 가장 가난한 나라에 제대로 된 자료나 통계가 있을 수 없었다.

필요한 정보를 농촌에서 직접 수집해야 했는데, 그 또한 쉽지 않았다. 공산 세력들이 곳곳에 도사리고 있었고 지주들의 저항도 만만치 않았다. 반대를 피하기 위해서 실무자들은 토지개혁을 준비하는 공무원 신분임을 감추고 신문 기자 행세를 하면서 시골 마을들을 돌

아다녔다. 이때 정확한 정보를 얻기 위해서 접촉한 대상이 머슴들이
었다.

농지개혁법 초안을 작성한 농림부 농지 국장 강진국(姜辰國)은 다
음과 같이 회고한다. "농촌 부락의 머슴방이 농지개혁법안 기초의 산
실이었다."[20] 이 나라 5,000년 역사에서 권력자들의 궁전이 아닌, 밑
바닥 머슴들의 거처에서 법안이 만들어지기는 처음이었을 것이다.
토지개혁법안의 제정 과정 자체가 신분 해방적이요 혁명적이었다.

이승만은 1948년 12월 4일, 서울 중앙 방송국을 통하여 "토지개
혁 문제"라는 주제로 라디오 연설을 했다. 이 방송은 해방 이후 가장
큰 국민적 관심사인 농지개혁에 대한 건국 대통령의 구상을 종합적
으로 밝힌 것이었다. 연설의 내용을 요약하여 소개한다.

"원래 하나님이 세상을 창조하실 적에 양반과 상놈을 구별하거나 부자
와 빈민을 인(印)쳐서 낸 것이 아닙니다.… 부자는 대대로 부자요 양반은
대대로 양반으로 지냈으니, 이와 같이 불공평하고 부조리한 일은 다시 없
을 것입니다.

지금 우리가 주장하는 민주 정체의 주의는 반상(班常, 양반과 상민)이
라 귀천이라 하는 등분이 다 없고 모든 인민이 평등 자유로 천연한 복리를
다 같이 누리게 하는 것입니다. 이 주장을 세우기 위하여 그 근본적 병통을

먼저 교정하여야만 모든 폐단이 차서로 바로잡힐 것이므로, 토지개혁법이 유일한 근본적 해결책이라는 것입니다."

　이승만의 연설은 토지개혁의 목표가 신분제의 철폐와 평등주의의 구현에 있음을 분명히 보여준다. 뿌리 깊은 신분제를 없애버리려면 깊이 박혀있는 뿌리부터 뽑아내야 하는데, 뿌리를 뽑는 근본적인 해결책이 토지개혁이었다.

　당시 토지개혁에 찬성했던 의원들에게도 유사한 목표 의식을 발견할 수 있다. 경상남도 함안 출신의 민족 청년단 소속 강욱중(姜旭中) 의원의 발언이다.

　"머슴은 1년 열두 달을 노동을 제공하고 그 외에다가 365일의 자유까지 제공해서 그야말로 눈물로서 이 계약을 체결하는 것입니다.… 그러므로 우리가 이 역사적인 토지개혁을 하는 데 있어서 머슴 제도를 타파하자 하는 이것은 소작 제도를 타파하는 것과 똑같은 것입니다."

　하지만 지주들의 저항 역시 만만치 않았다. 지주들의 본거지는, 놀랍게도 혹은 당연하게도 국회(國會)였다. 교육을 받을 수 있는 계층이 양반뿐이었고 교육에 필요한 비용을 감당할 수 있는 부류가 지주였으니, 국회의원 정도 되려면 당연히 양반에 지주여야 했다.

국회는 기로에 섰다. 국민의 뜻을 대표하기 위해선 자신들의 기득권을 포기해야만 했다. 하지만 어느 시대 어느 나라 역사를 들추어 보아도, 권력과 재산을 움켜쥔 손이 스스로 펴진 사례를 발견하기란 참으로 드물다. 제헌 국회도 마찬가지였다. 국회는 이승만 정부가 심혈을 기울여 준비한 법안을 무시하고 별도의 법안을 만들었다.

가장 큰 쟁점이 되었던 사항은 토지 대금 문제였다. 한 해의 수확량을 100%로 잡을 때 정부의 법안은 토지 대금을 150%로 정했다. 한 해 소작료를 50%로 계산하면, 3년 동안 소작료를 내고 4년째부터는 땅 주인이 되는 획기적인 개혁법이었다.

대부분의 농민들에게 엄청난 혜택이 주어지는 법이지만, 지주들은 반대했다. 본인들이 소유한 땅을 내놓는 것도 내키지 않는데, 그것도 저렴한 가격에 넘겨야 하니, 반발하는 것은 당연했다. 국회는 정부의 법안을 무시하고 별도의 법을 만들어 토지 대금을 300%로 제안했다. 가격을 두 배로 올려버린 것이다.

국회의 '개악(改惡)'에 대해서, 대한농민총연맹(農總)이 반발하고 나섰다. 농총은 1947년 8월에 결성된 우파의 대표적인 농민 단체였다. 농총의 결성식에는 이승만이 직접 참가하여 불을 뿜어내는 것 같은 열변으로 격려사를 했다. 그만큼 이승만의 농총에 대한 기대는 컸다.

정부 수립 과정에서 이승만은 농총을 농촌 지역에 대한 장악력을 높이는 기반으로 활용하려고 했다. 농총은 전국 각처에서 좌익과 투쟁하며 사망자 7명, 부상자 56명을 냈을 만큼 확실한 반공 단체였기에 이승만과 일정 부분 노선이 같았다.

농총은 "국회의원 제공에게 고함"이라는 성명서를 발표하면서 국회에 대한 원색적인 적개심을 드러냈다. "국회 본회의를 통하여서 우리는 우리의 적을 뚜렷이 보았으며, 적은 얼마나 노회하고 교활하고 후안무치하고 이기적이며 배타적이요 자기의 탐욕을 위하여는 민족도 국가도 대의도 아무것도 없다는 것을 우리는 우리의 눈과 귀로 보고 들었노라."

이 정도 되는 발언이면 일종의 선전포고이다. 이처럼 토지개혁은 일종의 전쟁이었다. 이승만과 농민들, 개혁파 의원들이 한편이었고 지주와 국회가 반대편이었다. 이 나라의 소위 '진보적'이라는 자들은 이승만을 기득권 세력으로 간주한다. 노동자와 농민을 대변하는 세력은 좌파 계열이나 공산주의자들인 것처럼 왜곡한다.

그러나 토지개혁의 사례에서 분명히 보여지듯 가난한 농민들, 사람 취급 못 받던 머슴들의 대변인은 이승만이었다. 이승만과 농민이 한편이었고, 독재자 이승만에게 탄압당했다는 국회와 지주들이 같은 편이었다.

농총은 정부 법안을 묵살하고 지주들을 위한 법을 만든 국회를 규탄했다. 국회가 민주주의의 기본 과업인 토지개혁을 의식적으로 지연시켰다고 비판했다. 그리고 국회의원들을 향해 협박에 가까운 경고를 날렸다. "우리는 국회의 일거일동을 기록으로 수집하고 있으며, 이 엄연한 사실이 방방곡곡의 농민들에게 우리들의 입을 통하여 명명백백히 알려질 날이 올 것을 부언하여 둔다."

요즘말로 하면 낙선 운동을 벌이겠다는 으름장이다. 이처럼 이승만과 농민 세력이 결합하여 국회를 압박하는 가운데, 1949년 4월 25일 토지 대금을 결정하는 투표가 실시되었다. 그 결과 정부에서 만든 150%안이 다수결로 통과되었다. 이 과정에서 보이지 않게 공헌한 인물이 인촌(仁村) 김성수(金性洙) 선생이다.

인촌은 지주들이 중심이 된 한민당의 당수였다. 본인도 대지주였으므로 토지개혁 법안이 통과될 경우 2,993정보의 엄청난 대지를 처분해야 했다. 당시의 법안으로 결정된 일인당 토지 소유 상한선이 3정보였다. 3정보가 넘는 땅은 모두 판매하도록 규정했다.

따라서 토지개혁 법안이 통과될 경우 김성수는 3정보를 소유하고 2,993정보를 매각해야 했다. 본인 소유의 토지 중에서 99.9%의 소유권을 포기해야 하니, 엄청난 손실이다. 그 광활한 대지를 300%의 가격에 팔지 못하고 150%에 팔아야 한다면, 손실은 천문학적인 액수로 늘어난다. 지주들이 주축이었던 한민당의 당수로서도, 본인의 이익을 지키기 위해서도 김성수는 300%안을 끝까지 고집할 만한 상황이었다.

그러나 토지개혁이라는 국가적 과업 앞에서, 인촌은 당의 이익도 개인의 이익도 버렸다. 김성수는 직접 국회의원들을 설득해서 150%안을 지지하도록 유도했다. 참으로 감동적인 헌신과 희생이 아닐 수 없다. 건국의 아버지 이승만의 결단과 추진력, 스스로 이익을 버렸던 건국의 어머니 김성수의 희생이 어우러져, 대한민국은 마침내 농지개혁법을 제정했다.

법을 제정했다고 해서 끝난 것은 아니었다. 법률을 실제로 집행하려면 시행령이나 시행 규칙을 제정해야 했다. 어쩔 수 없이 법안 제정까지 끌려갔던 국회는 시행령과 시행 규칙 제정을 놓고 이런 저런 이유로 시간을 끌었다. 그때 이승만의 타이밍 감각이 발동했다. 그는 시간이 없다고 판단했다. 세세한 규칙과 법규를 따지다보면 봄철 파종기를 넘겨야 한다.

그러면 또 1년을 허비해야 하고 국민들은 1년 더 소작농으로 매여 있어야 한다. 규칙을 만드는 과정에서 국회의원들과 지주들이 반발할 가능성도 없지 않았다. 이승만은 비상수단을 동원했다. 대통령의 특별 유시로 '분배 농지 예정 통지서'를 배포해버렸다. 지주들에게 이미 분배가 예정되었다는 통지를 보냄으로써, 토지개혁을 기정사

실화해버린 것이다.

시행령이 구체적으로 정해지지 않은 상태에서 분배가 예정되었다
고 통보한 것은 엄밀히 말해서 위법(違法)이었다. 하지만 이 방법이
지주들에게는 강력한 경고가 되었다. 대통령의 강력한 공세에 지주
들은 땅을 빼앗길 것 같은 공포를 느꼈다. 그래서 개혁이 시행되기
도 전에 토지들을 처분해버렸다.

서둘러 땅을 팔아버리는 형편이었으니, 제값을 받기는 어려웠다.
정부에 의해 토지개혁이 단행되기 전에 지주들이 먼저 팔아서 받은
금액은 법정 가격의 20~70% 수준으로, 형편없이 싼 값이다. 지주들
에게는 엄청난 손실이요 소작농에는 커다란 이익이었다.

토지개혁의 역사적 의미

토지개혁의 결과 5,000년을 이어온 지주제는 역사의 뒤안길로 사라
졌다. 우리나라 전 경작지의 95.7%가 소작지가 아닌 자작지(自作地)
가 되었다. 이는 놀라운 수치이다. 농지개혁의 대표적인 성공사례로
꼽히는 일본의 경우에도 자작지 비율이 90%에 불과한 것에 비교해
보면, 뛰어난 성취이다. 식민지 조선이 토지개혁이라는 중요한 국가

적인 과업에서 제국주의 일본에 앞선 쾌거이다.

소작지가 자작지가 되면서 소작농은 자작농이 되었다. 토지와 인간이 함께 해방된 것이다. 이제 자신의 땅을 소유한 농민들은 더 이상 양반들에게 굽신거릴 필요가 없었다. 내 땅에서 내가 일해서 내 힘으로 먹고 살 기반이 마련되었으므로, 양반 지주들에게 고개를 숙일 이유가 없어졌다.

반만년 길고 유구한 세월 동안 노예처럼 살았던 이 땅의 농민은 비로소 실질적인 자유인이 될 수 있었다. 토지개혁은 자유와 평등을 선물했다. 유영익은 '양반 제도 근절의 최대 요인은 농지개혁'이라고 주장한다. 이로써 사농공상(士農工商)식 신분제의 조선은 끝나고 사민평등(四民平等)의 대한민국이 시작되었다.

토지개혁에는 신분 차별 폐지라는 역사적 의의 외에도 또 다른 중요한 의미가 있었다. 충청북도 청주 출신의 박기운(朴己云) 의원은 다음과 같은 주장을 폈다.

"제헌 국회에서 농지개혁을 규정한 헌법 제86조를 제정할 당시에 38선 이북의 김일성이가 연회석에서 술을 먹고 있었습니다. 그러다가 헌법 86조가 결정되자 술잔을 던지고서 한탄한 사실이 있었습니다.··· 이북의 공산당들이 자기네들만 토지개혁을 하고 남한에서는 토지개혁을 아니한다, 이렇게 생각했는데 헌법 86조의 제정을 보고서는 이제 남한의 농민은 모두 대한민국에 뺏기고 만다, 우리들이 이제껏 공산화 운동을 해왔던 것은 수포로 돌아가고 만다, 그러면서 술자리에서 한탄한 사실이 있습니다."

박기운 의원의 발언은 건국 세력들의 공통적인 생각이기도 했다. 제헌 헌법을 기초한 유진오(兪鎭午)는 토지개혁에 대한 조항을 삽입한 이유를 "이 방법만이 공산당을 막는 길"이라고 설명한 바 있다. 이승만 역시 토지개혁을 통해서 농민들의 지지를 받고 그들을 반공 세력으로 길러내고자 했다.

건국 지도자들의 전략은 적중했다. 실제로 6.25전쟁 당시 남한 영토를 점령한 북한은 토지개혁을 한다며 대대적으로 선전했다. 하지만 농민들의 반응은 신통치 않았다. 이미 땅을 소유해서 지주가 된 농민들에게 땅을 준다는 공산당의 선동이 먹혀들지 않았다.

그 시대를 살았던 신태범(愼兌範)의 증언이다. "만약 농지개혁을 하지 않은 상태에서 6.25동란을 당했다면 그 결과는 크게 달랐을 것이다. 인민군이 서울을 점령한 그날로 남한 각지에서 김일성이 기대했던 대로 농민 폭동이 일어나, '남조선 해방'의 목적을 이룰 수 있었을 것이다. 하지만 농민들은 농지개혁으로 자신의 소유가 된 땅을 지키기 위하여 한국 정부에 충성을 바쳤다."[21]

토지개혁과 체제 수호의 상관관계는 베트남에서도 확인된다. 대한민국은 공산화를 막았지만, 베트남은 공산화되었다. 그 이유에 대해서 신일철은 다음과 같이 분석한다.[22] "남부의 사이공 정부가 토지개혁을 하지 않고 베트남전을 시작했다는 점이다. 농민 대중을 자기 편으로 한 공산군이 승리할 수밖에 없었다." 이처럼 토지개혁은 자유민주주의 체제를 지켜낸 토대가 되었다.

농지개혁 연구의 대표작인 『농지개혁사 연구』(한국 농촌경제 연구원, 1989)를 펴내기 위해서 김성호(金聖昊)는 전국의 농민들을 만났다. 대부분의 농민들에게서 그가 들은 말은 다음과 같았다. "이승만 박사 덕분에 쌀밥을 먹게 되었다."

이것은 너무나 원색적이기에 너무나 정확한 평가이다. 반만년 기나긴 세월 동안 죽도록 일만 하면서 사람답게 살지도 못했던 이 땅의 무지렁이 농군들이 건국의 아버지이자 위대한 개혁자에게 바친 최고의 찬사이다. 일평생 뼈 빠지게 일하고도 먹을 것조차 부족해서 보릿고개를 넘다가 수도 없이 쓰러져갔던 농민들이, 양반들 밥상에나 오르던 쌀밥을 먹는 시대가 드디어 열렸다. 최성재의 표현처럼, 그것은 가장 아름다운 개혁이었다.

농지개혁은 대한민국의 근간이 되어왔다. 헌법은 아홉 차례에 걸쳐 개정되었지만, 농사짓는 농민만이 농지를 소유하도록 정한 '경자유전(耕者有田)의 원칙'과 '소작 제도 금지' 조항은 계속해서 유지되었다. 현행 헌법 121조는 여전히 이 원칙을 규정하고 있다.

그런데 이승만이 주도한 원칙에 대한 중대한 도전이 일어났다. 다음은 필자의 다른 책 『하나님의 기적 대한민국 건국』에서 다루었던 2005년 사건에 대한 대목을 수정, 인용한 것이다.[23]

좌파 경제학자 우석훈은 그것을 '한국 경제의 역사에서 대단히 불행한 사건이자 자못 악질적인 사건'이라고 규정했다. 노무현 정권의 경제 정책을 지휘하던 이헌재 부총리가 농지법 개정을 추진했다. 농민이 아니더라도 누구나 농지를 소유할 수 있도록 하려는 시도였다. 건국 이후 반세기가 넘도록 지켜진 '농지는 농민에게'의 원칙이 위태로워졌다.

이 사태는 이헌재의 사퇴로 끝났다. 법 개정을 추진하던 본인이 위장 전입으로 농지를 소유하고 있었음이 드러났기 때문이다. 불법으로 농지를 소유하고 법을 바꿔서 불법을 합법으로 만들려는 시도였다. 좌파 경제학자의 눈에 비친 노무현 경제팀의 사령탑은 '악질적이고 불행한'사건의 주모자였다.

'88만원 시대'라는 말을 유행시킨 우석훈은 노무현의 경제 정책에 대해서 혹독하게 비판한다.[24] "다행히 그의 임기가 다른 나라와 같은 4년 중임이 아니라 5년 단임이라서 완벽하게 한국을 망치기에는 시간이 짧았던 것 아닌가 하는 게 제 생각입니다."

노무현이 더 오래 집권했으면 나라를 완벽하게 망쳤을 거라는 말이니, 이보다 더 신랄한 비판이 없다. 비판자는 우파가 아니라 좌파이다. 노무현에게 비판적인 우석훈은 경자유전과 소작제 금지를 규정한 현행 헌법 121조에 대해서는 열렬히 찬동한다. 헌법 121조가 있어서 한국 경제의 건전성이 그나마 유지되며, 지방 자치와 풀뿌리 민주주의를 강화할 수 있다고 격찬한다.

우석훈이 한 가지 말하지 않은 점이 있다. 좌파 경제학자가 금과옥조(金科玉條)처럼 여기는 헌법 121조의 출발은 이승만이다. 이승만이 있어서 제헌 헌법 86조가 만들어졌고 적용되었으며 토지개혁으로 실현되었다. 제헌 헌법 86조를 계승한 조항이 현행 헌법 121조이다.

좌파가 펼치는 논리가 이승만의 업적을 입증하는 대목을 읽는 것은 통쾌한 경험이다. 아무리 깎아내리려고 해도, 이승만에게는 깎아내릴 수 없는 찬란한 발자취가 있다. 이승만은 아직도 유효하다.

교육혁명 ① 의무 교육제

이승만의 '교육혁명'은 한성 감옥에서 시작되었다. 감옥에서 쓴 논설에 교육을 향한 신념이 강렬하게 표출되어 있다. 1901년 5월 10일

「제국신문」에 실린 "나라 구제는 교육으로", 1902년 10월 28일 「제국신문」의 "교육이 아니면 나라와 백성이 흥왕발달할 수 없으니 교육이 제일 급하다 하는 바"와 같은 글들이 대표적이다. 국민 교육을 위해서 이승만은 한글을 특별히 강조했다. 1900년 8월 5일에 쓴 『옥중잡기』의 "신역전기부록(新譯戰記付祿)"을 인용한다.

"돌이켜보면, 우리 한국인으로서 시무(時務, 그 시대에 시급한 과제)에 마음을 두고 있는 사람은 쓸쓸하게 거의 없는 것과 마찬가지다. 또 간혹 있다 하더라도 한문에 능통하여 스스로 선비라고 자처하는 사람에 지나지 않는다. 게다가 한문에 능통한 사람이 모두 몇 명이나 되겠는가? 통틀어 말하더라도 많아야 10분의 2~3에 지나지 않으며, 저들 10분의 7~8은 모두 돼지 시(豕)자와 돼지 해(亥)자도 구분하지 못하는 사람들이다.

비록 학문을 연구하고 싶어도 현존하는 고사(古史, 옛날 역사)와 유저(遺著, 죽은 사람이 생전에 남긴 저서)를 제외하면, 모두 청나라 사람들이 번역하고 저술한 한문 서적 몇 질에 지나지 않을 따름이다. 아! 서민들이 어떻게 유럽이나 아시아가 어디에 있으며, 영국이나 미국이 어떠한 나라이며, 천문, 지리, 산술, 물리학 등이 무슨 학문이며, 정치와 종교, 법률, 외교, 내치(內治, 나라 안의 정치), 무역, 공업 및 공법, 약장(約章, 약속한 법)이 어떠한 관계가 있는지를 알 수 있겠는가?"

이승만의 글은 근대의 탄생 요건으로 '문해인민'을 강조한 송호근의 주장과 일맥상통한다. 소수만이 한문을 쓸 수 있고 다수의 국민이 문맹 상태에 있으면, 교육이라는 것을 시작조차 할 수 없다. 그래서 이승만은 한글 교육을 강조했다. 그 자신이 훌륭한 한글 교사이기도 했다. 감옥에서 죄수들을 상대로 한글을 가르쳤고 그가 만든 「제국신문」 역시 당시로서는 드물게 한글 전용이었다. 이승만의 명저 『독립정신』도 한글로 쓰였다. 『독립정신』의 머리말을 인용한다.[25]

"지명과 인명을 많이 쓰지 않고 일상 쓰는 쉬운 말로 설명한 것은 읽기 쉽도록 하려는 것이며, 한글로만 쓴 것도 많은 사람들이 읽을 수 있게 하려는 것이다. 특별히 백성에 대해 많이 쓴 것은 대한제국의 장래가 백성에게 달려있다고 보았기 때문이다."

이승만은 한글이 곧 백성의 글이라고 보았다. 나라의 희망은 한글을 쓰는 백성들이었다. 그렇다면 한문은 지배층의 글이었다. 한문을 고집한 조선 양반들에 대해서 이승만은 신랄하게 비판했다.

"우리나라에서 중간층 이상의 사람이나 한문(漢文)을 안다는 사람들은 대부분 썩고 잘못된 관습에 물들어 기대할 것이 없고, 그들의 주변 사람들도 비슷하다. 이 말이 너무 심하게 들릴지 모르나 현실을 보면 잘못된 말이 아닌 줄 알 것이다."

이승만은 앞에서 논했듯이, 민주주의와 경제를 연결해서 생각했다. 먹고 살 수 있는 기반조차 없는 상태에서 국민들이 나라의 주인 노릇을 제대로 할 수는 없다는 판단이었다. 마찬가지로 이승만은 문자와 정치 체제를 연결해서 파악했다.

지배층이 어려운 한문을 쓰면서 지식을 독점한 결과 나라를 망하게 했다. 멸망한 나라를 다시 일으키려면 쉬운 한글을 널리 보급하여 잠들어 있던 백성들을 일깨워야 한다. 깨어난 백성들이 눌려있던 뜻을 펼치고 억압당했던 힘을 분출해야만 나라의 살길이 열린다. 『독립정신』의 머리말은 다음과 같은 호소로 끝맺는다.

"진심으로 바라는 바는 우리나라의 무식하고 천하며 어리고 약한 형제자매들이 스스로 각성하여 올바로 행하며, 다른 사람들을 인도하여 날로 국민정신이 바뀌고 풍속이 고쳐져서 아래로부터 변하여 썩은 데서 싹이 나며, 죽은 데서 살아나기를 원하고 또 원하는 바이다."

최근에 '통섭(統攝, consilience)'이라는 말이 유행처럼 번진다. 통섭이

란 '서로 다른 것을 한데 묶어 새로운 것을 잡는다.' '큰 줄기를 잡다.'
는 뜻으로 쓰인다. 학문 간의 경계를 뛰어넘어 학문의 통합을 이루
어야 한다는 주장이다. 전문가들이 특정한 분야에만 뛰어나고 다른
분야에는 문외한이어서 통합적인 시각이 부족하다는 반성에서 나온
개념이다.

이승만은 정치, 경제, 교육을 묶어 국민이 주인 되는 국민국가 건
설의 과제로 보았다. 민주주의(정치), 토지개혁(경제), 한글 보급을 통
한 문맹 퇴치(교육)의 삼박자가 맞아 떨어질 때 진정한 국민국가가
탄생할 수 있다는 논리이다. 참으로 통섭적이고 천재적인 통찰이다.

문맹 퇴치는 민족의 오랜 숙원이었다. 식민지 시기에 문맹 퇴치
운동은 언론사들을 중심으로 일어났다. 「조선일보」는 1929년 7월
14일부터 전국 규모의 '귀향 남녀 학생 문자 보급 운동'을 시작했다.
이때 「조선일보」가 외친 구호는 "아는 것이 힘, 배워야 산다."였다.
식민지 백성의 절규가 담긴 부르짖음이었다. 「조선일보」는 1934년
『문자 보급 교재』 100만 부를 인쇄하여 최대 규모의 문맹 퇴치 운동
을 전개했다.

「동아일보」는 1928년 3월 17일자 사설에서 "과학적인 문자를 조
상으로부터 물려받았음에도 불구하고 우리 민족의 9할이 문맹으로
있음은 일대 치욕"이라고 지적했다. 역시 한글을 통해서 민중을 깨

우치려는 의도였다.

1928년 4월 1일을 기해서 「동아일보」는 문맹 퇴치 운동을 벌였다. 이 운동의 이름이 '글장님 없애기 운동'이었다. 글을 읽지 못하면 앞을 보지 못하는 것과 같다는 뜻으로 붙인 '글장님'이라는 제목이 인상적이다.

문맹 퇴치와 교육은 민족적 수치를 씻을 수 있는 길이기도 했다. 1942년 2월 미국 국무성 극동국의 윌리엄 랭던(William Langdon)은 "한국인의 절대 다수가 문맹(文盲)이고 가난하고 정치적으로 자치의 경험이 없다. 그러므로 강대국의 지도를 받아야 한다."고 주장했다. 이것이 훗날 한반도에서 소용돌이를 일으키는 신탁통치안으로 발전해갔다. 개인이나 국가나, 못 배워서 서럽기는 마찬가지였다.

5,000년 역사를 지닌 우리 민족에게 자치 경험이 없다는 랭던의 지적은 틀렸다. 그러나 교육을 받지 못했다는 지적은 사실이었다. 일제 때 어떤 형태로든 '교육'이라는 것을 받아본 사람은 14%에 불과했다. 문맹률은 80%가 넘었다. 중학교 이상 졸업자가 전 국민을 통틀어 2만 5,000명에 불과했다. 다시 말해서 중학교만 졸업해도 상위 1%안에 들 수 있었다. 헌법 문제를 다룰 법학 박사는 단 한사람도 없었다.

문맹 퇴치 운동의 절정은 '준비된 교육 대통령' 이승만이었다. 그의 교육 정책은 헌법 제정에서 출발했다. 이는 이승만의 개혁이 얼마나 민주적이고 합법적이었는지를 보여준다. 토지개혁도 헌법 제정으로부터, 교육혁명도 역시 헌법으로부터 시작되었다. 오랫동안 법이 아닌 사람이 통치해왔던 우리 역사에서 참으로 획기적인 조치이다. 이는 민주적인 절차를 거쳐서 만들어진 법 조항도 없이 토지 강탈과 숙청을 되풀이 했던 북한과 대조를 이룬다.

우리의 건국 헌법 16조는 "모든 국민은 균등하게 교육을 받을 권리가 있다. 적어도 초등 교육은 의무적이며 무상으로 한다."고 명시했다. 여기에 우리 교육의 역사를 바꾸어 놓은 혁명적인 관점이 있다.

그 전까지 교육은 부모의 선택이었다. 부모가 보내주면 가고 안 보내주면 못가는 곳이 학교였다. 하지만 대한민국은 건국할 때부터 교육의 권리는 부모에게 있는 것이 아니라 국민에게 있다고 천명했다. 교육을 받고 안 받고 하는 문제는 부모가 좌우할 수 있는 선택 사항이 아니라, 이 나라에서 태어난 모든 국민이 당연히 누려야 할 권리로 규정했다.

국민에게 교육받을 권리가 있다면 국가에는 교육을 제공할 의무가 있다. 제헌 헌법은 초등교육을 무상으로 제공하는 의무 교육제를 채택했다. 그런데 초등 의무교육 조항 앞에 '적어도'라는 문구를 삽입했다. 최소한 초등학교라는 뜻으로, 앞으로 계속해서 중학교, 고등학교 등으로 의무 교육을 확대해 나간다는 의지가 담긴 표현이다.

이승만의 집권기는 대한민국의 역사에서 가장 빈곤했던 시절이었다. 한국은 아프리카보다 못 살던 나라였다. 하지만 고통스러운 시절에도 교육에는 정부 예산의 10% 이상을 투자했다. 수많은 학교가 세워졌고 학생들이 배출되었다.

이승만 집권 후반기에는 학교에 갈 나이가 된 아동의 96%가 취학하는 결과를 낳았다. 일제 시대에 어떤 형태로든 교육을 받아본 사람이 14%에 불과했던 것에 비하면 놀라운 수치이다. 14%를 96%로 끌어올렸으니, 글자 그대로 '교육혁명'이다.

모든 연령대에서 학생들의 숫자가 비약적으로 증가했다. 중학생은 10배, 고등학생은 3.1배, 대학생은 12배로 늘어났다. 이승만이 물러날 당시, 한국의 대학생 비율은 영국보다 많을 정도였다. 세계의 최빈국(最貧國)이 교육에서는 선진국이었다.

이승만 집권기에 가장 비약적인 증가를 보인 학생층은 여자 대학생이다. 무려 17배나 증가했다. 여성 교육에 관해서, 이승만은 일찌감치 최고의 선구자였다. 한성 감옥 시절부터 여자를 차별하고 여자아이들을 매매(賣買)하는 풍습을 비판하는 논설을 여러 차례 집필했다. 하와이에서 비참한 처지의 소녀들을 데려와서 가르치기도 했다. 최초의 남녀공학 학교도 그의 손에 의해 설립되었다. 여자 대학생이

17배나 늘어나는 기적의 주인공도 이승만이었다.

교육은 남녀평등의 밑바탕이 되었다. 멸시 천대받던 '계집 아이'들은 전문적인 능력을 갖춘 '배운 여성'으로 성장했다.

교육혁명 ② 전시(戰時) 교육

교육에 대한 이승만의 열의는 6.25전쟁 중에 더욱 빛을 발했다. 침략군에게 낙동강 전선까지 밀려났을 때, 우리의 수도는 서울에서 부산으로 옮겨졌다. 특이한 점은 수도만 옮긴 것이 아니라 학교까지 옮겼다는 점이다.

이승만 대통령은 임시 수도 부산에서 '전시(戰時) 학교'를 운영하도록 지시했다. 온 나라가 잿더미가 되고 시쳇더미가 된 판국이니, 말이 학교이지, 사실은 천막이었다. 하지만 사람이 죽어가고 총탄이 쏟아지는 와중에 천막을 치고서라도 국민들을 교육해야 한다는 이승만의 신념은 꺾이지 않았다.

전쟁 중에도 계속된 교육 정책들은 일일이 열거하기 힘들 정도로 많았다. 1952년 10월 9일에는 "한글날 기념 한글 타자 대회"도 열었다. 포탄이 터지고 사람이 죽어가는 와중에 한가로이 타자 대회를 열었다는 사실이 한편으론 황당하고 다른 한편으로는 놀랍다. 그만큼 이승만은 한글 보급을 중요하게 여겼다.

같은 해인 1952년 하와이 교민들이 '한인 기독학원' 부지를 판매한 자금의 일부를 이승만에게 보내왔다. 그 학교는 독립운동 시기에 이승만이 세운 것이었다. 이승만 대통령은 하와이 교민들의 성금을 종잣돈으로 삼아 미국의 MIT와 같은 최고 수준의 공과 대학을 세우려고 했다. 당장 나라가 망할 위기에까지 몰려있었지만, 대통령에게는 대한민국의 생존에 대한 확신이 있었다.

동시에 그는 더 멀리 내다보고 있었다. 생존하는 정도가 아니라 세계적인 강국으로 발전하리라는 비전이 있었다. 그 비전을 이루기 위한 기초가 '공과 대학'설립이었다. 5,000년 농업국이었던 나라를 공업국으로 전환해야만 비약적인 성장이 가능하다는 것이 건국 대통령의 판단이었다.

1952년 12월 이승만은 문교부에 가칭 '인하 공과 대학' 설립을 지시했다. 대학의 이름은 학교가 위치한 인천과 성금을 보내온 하와이에서 한 글자씩 딴 것이다. 대통령은 인하 공과 대학의 위상을 높이기 위해 자유당의 실력자인 이기붕 국회 의장과 김법린 문교부 장관을 이사진에 포함시켰다.

공업 교육을 향한 이승만의 열정은 '경기 공업 전문학교'에 얽힌

일화에서도 드러난다. 이 학교가 국제 사회의 지원을 받아 실험실을 개관했을 때, 대통령 이승만이 직접 찾아갔다. 무려 한 시간도 넘게 열변을 토하며 기쁨을 표시했다. 공업학교의 실험실 하나 여는 것에 그토록 열광하고 감격했던 이유는 '공업화'를 향한 꿈을 실현하는 시작이었기 때문이다.

오늘날 세계 5대 공업국으로 발돋움한 대한민국의 성장을 만들어 낸 걸출한 인재들은 이승만 시대에 길러지고 있었다.

전시 교육의 백미(白眉)는 전시 연합대학이다. 피난 내려온 대학생들을 전시 연합 대학에 모두 등록시켜서 교육이 중단되지 않도록 비상 대책을 실시했다. 이때 이승만은 세계 역사상 유례가 없는 특별 조치를 취한다. "무슨 일이 있어도 대학생들은 보존시켜야 한다."며 대학생들을 군대에 입대시키지 않았다.

특별 조치에 숱한 비난이 쏟아졌다. "대학생들만 사람이냐, 못 배운 핫바지들만 전쟁터에 나가 총알받이가 되란 말이냐." 하는 원성이 높았다. 대학생에 대한 군 면제 조치는 전쟁을 수행하는데도 차질을 빚었다. 전쟁에서 가장 왕성한 전투력을 보유한 이들은 젊은이들이다. 이십대 초반, 학령기로 따지면 대학생들이 군인으로서는 가장 필요하다. 그런데 그들을 제외시켰으니, 전투력 약화를 우려한 반대 목소리 역시 높았다.

하지만 카리스마적인 지도자 이승만은 여론의 압력에 굴복하지 않았다. "전쟁이 끝나고 나라 발전을 위해서는 인재가 반드시 필요하다. 욕을 먹더라도 할 수 없다."며 버텨냈다. 전쟁 중인데, 그것도 낙동강 전선까지 밀려 나라가 망하기 직전까지 몰렸는데, 병사 한 사람이 아쉬운 상황인데, 대학에만 들어가면 군대에 안 가도 된다는 것은 엄청난 특혜였다. 이런 특단의 조치로 이승만은 인재를 보호했다.

이승만의 조치는 '인재'뿐만 아니라 '세대'를 구출했다. 전쟁 통에 20대 남자들이 대거 전사한 상황에서 대학생만이라도 보호하지 않았다면, 한 세대 전체가 통째로 없어져버렸을 것이다. 그러면 전후 복구 사업에 투입할 젊은 인력을 구할 수 없게 된다. 한 세대가 빠져버린 기형적인 인구 구조를 낳게 되어 오랫동안 후유증을 앓게 된다.

이승만은 위급한 상황에 몰리면서도 결국에는 전쟁이 끝나고 나라가 보존될 것을 믿었다. 그 후에 다시 복구되고 성장할 것도 내다보고 있었다. 그때 필요한 인재를 확보하기 위해서 비상한 대책을 세웠던 것이다.

이승만의 비서로 활약했던 올리버는 전쟁 당시에 방문했던 야외 중학교에 대해서 이야기한다. 무지개꼴로 된 학교의 문에 광목천이

달려있었다. 그곳에는 이런 글귀가 적혀있었다. "이곳은 우리의 싸움터이다. 이곳에서 우리는 우리 자신을 지키고 우리나라를 자유롭게 하는 길을 배운다."

그곳은 또 다른 전쟁터였다. 5,000년 문맹으로 살아온 백성들이 글자를 깨치고 지식을 배워서 '국민'으로 거듭나는 정신적 전쟁터였다. 전쟁처럼 치러낸 교육에 성공했기 때문에 훗날 '한강의 기적'으로 불리는 대한민국의 찬란한 성취가 가능할 수 있었다.

교육혁명 ③ 성인들을 위한 문맹 퇴치 운동

자라나는 세대는 학교를 통해서 교육시킬 수 있다. 문제는 이미 자라난 성인들이었다. 배움의 기회를 잃어버린 이들은 평생 까막눈으로 살아야 했다. 이에 이승만 정권은 대대적인 문맹 퇴치 운동을 벌였다.

학교는 물론 전국의 마을과 공동체에서 문맹 퇴치와 성인 교육을 위한 집회를 개최했다. 사람이 모이는 곳이면 어디든지 글자를 가르치는 교육이 시작되었다. 나라 전체를 온통 학교로 만들어버린 셈이다.

문맹 퇴치는 교육을 위해서만이 아니라 민주주의를 위해서도 절실했다. 당시의 투표라는 것이 일명 '작대기 투표'였다. 선거에 출마한 정치인들이 자신을 알리는 홍보물을 붙여도 국민들이 이름도, 내용도 읽을 수 없었다. 그래서 입후보자의 사진에 작대기를 붙여서 구분했다. 작대기 하나는 아무개, 둘은 다른 누구 하는 식이었다.

우리의 작대기 투표와 비슷한 것이 오늘날까지도 세계 도처에 남아있다. 문맹률이 높은 나라에서는 정당을 동물로 구분한다. 코끼리는 야당, 사자는 여당 하는 식으로 동물 그림을 보고 정당을 구분해서 투표를 한다. 나라의 주인이라는 국민이, 지도자가 될 후보자들을 작대기와 동물로 구분해 내는 수준이라면, 제대로 된 민주주의를 기대하기는 어렵다.

이 문제를 해결하기 위하여 이승만 정부는 "작대기 투표를 일소하자."는 구호를 내걸었다. 적어도 글자는 읽을 줄 알고 입후보자의 공약이 무엇인지 분별도 해서 나라의 주인 노릇을 제대로 하자는 운동이었다. 이처럼 문맹 퇴치는 교육 사업인 동시에 민주주의를 위한 운동이었다.

이승만이 대통령이 되었을 때 80%를 훌쩍 넘었던 문맹률은 그가 물러날 때 20% 이하로 떨어졌다. 오늘날 한국은 거의 전 국민이 글자를 읽는 나라가 되었다. 지식 강국 코리아의 기초는 건국 대통령

이승만에 의해서 만들어졌다.

교육혁명은 토지개혁과 함께 양반 제도 붕괴에도 중요한 영향을 끼쳤다. 조선 시대에는 글 읽는 양반과 일하는 상민이 있었지만, 대한민국에서는 모든 국민이 글을 읽게 되었으니, 양반과 상놈의 구별이 실질적으로 없어졌다. 타고난 신분이 아니라 교육이 성공의 수단이 된 것도 더 이상 양반 제도가 발붙일 곳이 없게 만들었다.

글자를 모르는 사람이 글을 읽게 되었을 때의 기쁨은 어느 정도일까? 말로 표현하기 어려울 만큼의 감격일 것이다. 기쁨과 감격의 크기를 헤아려보려면, 먼저 슬픔과 고통의 깊이를 탐구해야 한다. 글을 읽지 못하는 이가 겪어야 하는 어려움을 추적해보자.

「월간조선」 1999년 12월호에 실린 김지은의 "정보화 시대의 그늘, 한글 문맹자 300만명의 고민"은 오늘날에도 진행 중인 문맹 퇴치 운동을 소개한다. 이 기사에서 털어놓은 문맹자들의 애환은 실로 다양하다.

전철을 탈 때마다 긴장하고 집중해야 한다. 지하철 칸칸마다 그려져 있는 노선도에 적힌 역의 이름을 읽을 수 없으니, 내려야 할 곳에서 내리려면 안내 방송을 집중해서 들어야 한다. 잠깐이라도 졸다가 방송을 못 들어서 내려야 할 역을 놓치는 경우도 허다하다. 문맹자들은 혼자서 버스나 지하철을 타고 갈 일이 생기면 며칠 전부터 가

숨이 꽉 막히고 걱정이 된다고 한다.

손주가 그림책을 가져와서 글자를 물어보는 것이 두려워 귀여운 손주를 피하는 할머니, 군대에 가 있는 아들에게 편지 한 장 쓰지 못해 가슴이 답답한 어머니, 학교 간 아이들에게 돌아와서 먹으라고 간식 만들어 놓고 일하러 가면서도 "어디에 무엇이 있으니 배고프면 찾아 먹어라."는 쪽지조차 남길 수 없어서 애태웠던 사연, 전화가 걸려오면 메모를 하는 것이 두려워 아예 전화를 받지 않았던 이야기, 공장에서 병원에서 은행에서 글자를 몰라 눈치를 보아가며 사람들에게 부탁하면서 살아야 했던 세월들이 참으로 파란만장하다.

그들이 글자를 배웠을 때의 심정을 한 할머니는 말했다. "심 봉사가 눈을 뜬 것 같습니다."

오랫동안 한글을 가르쳤던 선생님은 말한다. "한글을 가르칠 때면 무엇을 공부시키는 것이 아니라 성치 못한 몸을 고쳐주는 듯한 느낌이 들곤 합니다. 그들은 마치 아픔을 치료받는 사람들 같습니다."[26]

글을 읽을 수 없었던 이들의 애처로운 사연은 이승만이 남긴 발자취가 얼마나 감동적이고 아름다운가를 깨닫게 한다. 건국 대통령의 문맹 퇴치 운동은 장님의 눈을 뜨게 하고 성치 못한 몸을 고쳐주어서 국민 전체를 치료한 업적이었다.

교육혁명 ④ 유학과 인재 양성

이승만의 교육혁명은 국내로만 제한되지 않았다. 조선 말기에서 해방을 맞이하던 1945년까지, 우리나라에서 미국으로 간 유학생은 모두 합쳐서 500명 미만이었다. 이 숫자가 비약적으로 늘었다. 이승만 집권기에 유학, 훈련, 연수 등의 다양한 형태로 미국에 보내진 인원은 2만여 명이었다.

아무리 뛰어난 인재라도 돈이 없고 기회가 없으면 뜻을 펴지 못한다. 그렇지 않아도 가난한 나라였는데 전쟁까지 일어나 폐허가 되어버린 상태에선 아무리 천재적인 인물이 태어나도 키워낼 방법이 없었다. 이승만은 외교 역량을 발휘하여 2만 명을 장학생으로 미국에 보냈다.

세계에서 가장 가난한 나라의 인재들이 세계에서 가장 부유한 나라에서 장학생으로 최고의 교육을 받을 수 있었다. 이때 미국 땅을 밟았던 대표적인 인물이 훗날 대통령이 된 박정희(朴正熙)이다. 박정희로 대표되는 '한강의 기적' 주인공들은 대부분 이승만 대통령에 의해 유학을 다녀온 인물들이다.

이승만과 박정희 시대를 두루 거치며, 정부의 고위 관료로 우리 경제의 기적적인 성장을 이끌었던 신현확(申鉉碻)의 회고이다.[27]

"1950년대는 아무리 노력해도 그 성과가 가시적으로 나타날 수 없는 시대였다. 우리는 전쟁을 겪으면서 경제 발전의 토대를 만들어 갔다. 1950년대에 가장 시급하고 중요한 것은 교육이었다. 만약 이승만 시대에 교육적 토대가 마련되지 않았다면 박정희 시대의 경제 발전은 불가능했을 것이다."

그 시절에 원로 극작가 신봉승은 교직에 몸담고 있었다. 1953년 강원도 강릉의 옥계 국민학교 교사였다. 세계 여러 나라에서 "굶어 죽는 한국의 전쟁고아를 살리자."는 캐치프레이즈를 내걸고 있던 무렵이다.

신봉승이 담임 교사를 맡았던 6학년 2반 학생은 67명이었다. 그 중에서 점심 도시락을 싸올 수 있는 어린이는 고작 5, 6명뿐이었다. 신봉승은 그 시절의 가난을 회고한다.[28]

"점심시간이 되면 교사인 저는 시선 둘 곳을 찾지 못하고 먼 산을 바라보면서 하염없이 눈물지었던 기억이 지금도 생생합니다. 미국에서 보내준 원조 물자인 옷은 대개가 그쪽 어른들의 옷이라 어린이들이 입으면 옷자락이 땅에 끌리는 외투와 같았고, 보내준 먹을거리라는 것도 드럼통에 있는 분유(노란 우유가루)였습니다. 우유가루를 물에 타서 한 컵씩 마시게 하는 것이 급식이었습니다.

사내아이들의 머리에는 대개가 버짐 때문에 진물이 흘러내렸습니다. 불결해서가 아니라 영양실조가 원인이었습니다."

하지만 배고픈 아이들과 눈물짓는 선생님의 교실에도 새로운 나라를 향한 꿈이 넘쳐났다. 신봉승은 계속해서 말한다.

"그때 우리는 배고파서 죽어가는 아이들에게 국사(國史)를 가르쳤습니다. 5학년이 되면 국사 교과서인 『우리나라 발달』 1권을 배웁니다. 그리고 6학년으로 진급하면 『우리나라 발달』 2권을 배우게 됩니다. 국사학자 황희돈 박사가 쓴 『우리나라 발달』은 참으로 훌륭한 교과서였습니다. 모든 내용에 우리 민족의 자긍심이 넘쳐났기 때문입니다.

그리고 20년 뒤, 주린 배를 움켜쥐고 국사를 배웠던 소년들이 30대가 되었을 때, 우리 민족의 중화학 공업 시대를 일구어 내면서 민족중흥의 새 역사를 쓰는 역군이 되었습니다. 얼마나 대견한 일입니까."

이승만은 일평생 한민족에 대한 자부심으로 넘쳐났던 인물이다. 식민지의 망명객으로 최강대국 미국의 지도자를 만날 때에도 항상 우리 민족의 가능성을 역설했다. 3.1운동 직후인 1919년 5월 18일자 「뉴욕 타임즈」에 식민지의 한국인이 제국의 일본인보다 우수하다는 기사를 싣기도 했다.

이승만의 자부심은 초등학교 교실의 도시락도 싸오지 못하고 머리에 진물이 나는 아이들에게까지 흘러갔다. 이것이 리더의 중요성이고 교육의 힘이다. 가난했지만 자긍심이 무엇인지를 알았던 아이들이 자라나, 인류 역사상 신기록을 달성한 경제성장을 이루어냈다. 우리의 현대사는 이처럼 감동적이다.

토지개혁 + 교육혁명 = 국민국가의 탄생

20세기는 대변혁의 시기였다. 세계를 호령하던 제국들은 해체되고 식민지들은 독립했다. 그 중심에 '국민국가'가 있었다. 헝가리의 경제사학자인 칼 폴라니는 20세기에 일어난 거대한 변혁의 가장 중요한 요인으로 국민국가의 출현을 지적했다.

송호근은 국민국가에 대하여 다음과 같이 해설한다.[29] "서양의 근대에 출현한 국민국가는 국가 주권을 확립하고, 중앙 집권적 국가 기구를 정비하며, 주권 의식과 권리 의식을 배양한 국민을 창출하여 그들을 단일한 정치적 공동체로 통합했다. 경계가 확실한 영토 내부에 역사적, 문화적, 인종적 정체성을 공유한 균질적 구성원들을 창출하는 것이 바로 국민국가의 업무이자 근대 이행의 도달점이다."

송호근의 해설을 정리하면 국민국가에는 여러 요소가 필요하다.

첫째로 주권을 빼앗긴 식민지가 아닌, 독립된 국가여야 한다. 둘째로 주권을 가진 국민이 있어야 한다. 셋째로 일정한 영토 안에 역사적, 문화적, 인종적 정체성을 가진 구성원이 있어야 한다.

20세기의 동양에는 주권을 가진 국가도 있었고 영토도 있었다. 그러나 '국민'이 없었다. 그러니 국민국가를 형성한 서양에게 밀려날 수밖에 없었다. 20세기의 시작은 서양 세력이 동양을 지배하는 서세동점(西勢東漸)이었다. 밀려드는 서양의 물결 앞에서 동양의 지식인들이 절실하게 부르짖은 대상 역시 '국민'이었다.

근대 일본의 선구자 후쿠자와 유키치는 1874년 그의 기념비적인 저서『학문의 권장』에서 "일본에는 단지 정부만 있고 국민은 없다."고 갈파했다. 그가 말한 국민은 통치나 지배의 대상일 뿐인 '백성'이 아니라, 나라의 주인으로서 책임을 자각한 '국민'이었다.

중국은 20세기에 처참하게 전락했다. 오랫동안 천하의 중심으로 자부했던 중국은 반식민지 상태가 되어 서구 열강들과 일본에게 차례로 짓밟혔다. 중국의 개혁파 지식인 량치차오(梁啓超)는 중국이 약화된 원인을 다음과 같이 진단했다. "천하와 조정은 있으나 국가가 없고, 노예는 있으나 국민이 없는 상태." 그는 수동적인 백성을 교육을 통해 '애국심'을 지닌 정치적 실체로서의 '국민'으로 바꾸어야 한다고 주장했다.

'국민'을 절실하게 요청하기는 조선의 경우도 마찬가지였다. 1897년 「대조선 독립협회 회보」 제 11호에 실린 "국가와 국민의 흥망"이라는 글에는 '국민'이라는 말이 여러 번 등장한다. 이 기사에는 국민이 국가의 성쇠와 흥망을 가르는 역량의 주체로 설정되어 있다. 즉, 강성하고 원기 왕성한 국민이어야 강력한 국가를 유지할 수 있다는 것이다.[30]

이처럼 임금의 통치를 받고 지시에 따르기만 하는 '백성'이 스스로 나라의 주인임을 깨닫고 의무를 다하며 권리를 행사함으로 나라를 지켜내고 발전시키는 '국민'으로 변신해야 하는 것은 국가 생존을 위한 필수적인 요소였다.

백성이 국민이 되려면 교육을 받아야 한다. 그 교육은 민족의 고유 언어를 습득하고 문자를 사용하는 것에서 출발한다. 송호근은 말한다.[31] "이질적 집단과 세력을 단일한 정치 목표와 행위로 통합하는 국가를 국민국가라고 한다면, 국민국가 만들기에서 문자 공동체의 탄생과 확대보다 더 중대한 요소를 찾아보기 힘들 정도다."

조선은 식민지로 전락하면서 국민국가 만들기에 실패했다. 나라의 주권을 빼앗겼고 백성은 국민이 되지 못했다. 하지만 역사는 실낱같은 희망의 기회를 또 한 번 우리에게 주었다. 1945년의 해방과 1948년의 건국은 우리 조국의 남쪽에서 국민국가가 탄생할 수 있는 기회가 되었다. 다시 찾아온 단 한 번의 기회를 제대로 살려서 국민 국가를 만들어낸 것이 이승만이 남긴 불후의 업적이다.

첫째로 토지개혁을 통해서 경제적 노예 상태에 있던 백성들을 자립이 가능한 국민으로 전환시켰다. 둘째로 교육혁명을 통하여 정신적 노예 상태에 있던 백성들을 주인 의식을 가지고 국가 경영에 참여할 국민으로 성장시켰다.

이것은 우리 역사 반만년에 처음 일어난 기적과도 같은 혁명이었다. 농민들이 땅을 가진 것도 처음이요 대부분의 국민들이 글자를 깨우친 것도 처음이었다. 그것은 신분 타파요 인간 해방이었다. 조선의 양반들만 소유하고 있던 두 가지가 토지와 문자였다. 경제 수단과 지식 수단을 독점했기에 양반들은 500년 넘는 장구한 세월 동안 지배층으로 군림할 수 있었다. 이승만의 토지개혁과 교육혁명은 양반들만 가지고 있던 토지와 문자를 전 국민에게 나누어준 일대 쾌거였다.

토지와 문자를 가진 계층이 양반이라면, 대한민국에서는 모든 국민이 양반이 된 것이다. 이는 '양반'이라는 단어의 변천에서도 분명히 확인된다. 본래 '양반'은 신분과 계층을 가리키는 용어였다. 현재 '양반'은 그저 사람, 일반인을 가리키는 말이 되었다. 우리의 건국은 전 국민을 양반으로 만든 국민국가의 탄생이었다.

동시에 그것은 선진국으로 발돋움하는 기초이자, 선진국을 따라 잡은 원형적 체험이었다. 토지개혁의 결과 한국의 자작지 비율은 일본보다 높아졌다. 교육혁명의 결과 한국의 대학생 비율은 영국을 능가했다. 가장 가난한 후진국이 국민국가의 가장 중요한 요소인 토지개혁과 교육 분야에서 가장 발달한 나라들을 추월한 것이다. 이는 20세기의 한국에서 계속해서 되풀이된 '선진국 따라잡기'의 시초요 원형이었다. 대한민국은 출발에서부터 위대했다.

4부

■

북한 인민(人民),
토지개악과 우상화

우리의 옛 노래 가운데 신라의 월명사가 지은 "제망매가(祭亡妹歌)" 가 있다. 죽은 누이를 장사 지내는 노래이다.

삶과 죽음의 길이 여기에 있으므로 두려워서

나는 간다는 말도 못다 이르고 갔는가

어느 가을 이른 바람에 여기 저기 떨어지는 이파리처럼

한 가지에 나고서도 가는 곳을 모르는구나.…

대한민국 국민과 북한 인민을 생각하면, 이 노래가 떠오른다. 한 가지에 나고서도 삶과 죽음으로 갈라진 것처럼, 같은 역사에 뿌리를 두었지만 남과 북은 생명과 사망으로 갈라졌다.

남에서는 국가의 주권을 가진 이를 국민이라 칭했고 북에서는 인민이라고 불렀다. 토지개혁과 교육혁명이 국민을 탄생케 했듯이, '토지개악(改惡)'과 '우상화'가 인민을 탄생시켰다.

북한의 '토지개악'

종북좌파들은 북한의 토지개혁에 대해서 격찬에 격찬을 거듭했다. 반대로 이승만의 토지개혁은 불완전하고 미흡하다고 비판했다. 그러나 북한의 토지개혁은 '토지개악'이었다. 토지개혁과 토지개악을 비교해보자.

첫째로 우리의 토지개혁은 대한민국 정부와 국회가 국민들의 여론을 수렴하여 자주적이고 민주적으로 진행하였다. 이는 미군정의 토지개혁에 대한 반발에서도 분명히 드러난다. 1945년 해방에서 1948년 건국까지 남한을 통치했던 미군 당국이 토지개혁을 실시하려고 하자, 이승만을 비롯한 남한의 주요 지도자들이 일제히 반대했다.

토지개혁과 같은 중대사는 나라를 세운 다음에 우리 정부 주도로 진행되어야 하며, 미국이 좌우할 일이 아니라는, 지극히 상식적인 반발이었다. 따라서 우리의 토지개혁은 건국과 정부 수립 이후에 진행되었다.

대조적으로 북한의 토지개혁은 소련군이 배후에서 조종하던 '북조선 임시 인민 위원회'를 통해서 1946년 3월 5일에 착수되어 25일 만에 완료되었다. 좌파들은 소련 군대의 개입 없이 전격적인 토지개혁이 단행되었다고 주장한다. 손바닥으로 하늘을 가리려는 얄팍한 수작이다. 현실적으로 대한민국에서 2년여에 걸린 토지개혁을 북한 정권이 단 25일 만에 해치운다는 것은 불가능하다.

소련의 개입을 입증하는 다수의 증거들은 이미 발견되었고 공개되었다. 1945년 9월 20일 소련 지도자 스탈린이 연해주 군관구와 25군 군사 위원회에 비밀 전문을 보냈다. 이 비밀 암호 전문은 1981년 소련 과학 아카데미 동방학 연구소가 간행한 『소련과 조선 인민의 관계 (1945~80) 』라는 자료집에 수록됨으로써 처음 공개되었다. 그 내용을 일본의 「마이니치」신문이 입수하여 1993년 2월에 보도했다.

스탈린의 비밀 전보는 북한에 소련의 정치, 경제, 군사적 이익을 영구히 구축할 정권을 세우라는 지시였다. 북한에 세워지는 정권이 북한의 이익을 대변하는 것이 아니라, 소련의 이익을 대변하라는 것이니, 꼭두각시 정권이다.

꼭두각시 정권이 해야 할 일로 스탈린이 특별히 지시한 것이 소위 '토지개혁'이었다. 1945년 12월 북한을 막후에서 통치하고 있던 소련군의 쉬킨 중장이 스탈린에게 보낸 보고서에도 토지개혁에 대한 언급이 등장한다. "북한의 인민 민주주의 운동을 방해하는 지주 세력을 제거하기 위해 토지개혁이 필요하다."

소련군은 토지개혁을 지시했을 뿐 아니라, 직접 법안을 만들기도 했다. 1946년 3월 5일에 작성된 북한의 토지개혁안은 본래 김일성을 배후에서 조종하던 소련군 지휘관 로마넨코가 쓴 것이었다. 러시아어로 쓴 초안을 조선어로 번역해서 법안으로 발표했다. 세상에 어느 나라가 다른 나라에서 써준 법을 번역해서 '번역법'으로 통치하는가. 그것도 나라 전체의 경제 구조를 바꾸고 전 국민의 재산과 관련된 토지개혁과 같은 중대사를 어떻게 외국 군대에서 정해준 대로 처리할 수 있는가. '주체'를 표방하는 북한의 출발은 너무나 '비주체적'이다.

이처럼 북한의 토지개혁은 스탈린의 지령과 소련군의 주도 하에 꼭두각시였던 북조선 임시 인민 위원회의 이름으로 진행되었다. 토지개혁의 목적 역시 신분 철폐와 농민 해방이 아니라, 소위 '인민 민주주의 운동' 다시 말해서 공산화였다. 사람을 위한 토지개혁이 아니라, 공산화를 위한 토지개악이었다.

남쪽에서는 미군이 토지개혁을 하려다가, 지도자들의 반발로 무산되고 정부가 수립된 이후에 우리 손으로 토지개혁이 실시되었다. 북쪽에서는 소련의 지령에 따라 일사천리로 토지 강탈이 진행되었다. 과연 어느 쪽이 주체적이고 자주적인가?

둘째로 북한의 토지개혁은 심각한 인간 차별이었다. 대한민국의 토지개혁은 전 국민을 대상으로 실시되었다. 이승만 정권을 지지하던 지지하지 않던, 어느 지역 출신이든 상관없이 땅이 없는 국민은 토지를 받을 수 있었다. 하지만 북한의 토지개혁은 특정 계층을 제외시켰다. 김일성 정권에 비판적인 적대 세력과 월남자(越南者)들이었다.

6.25전쟁 때 자유를 찾아 이남으로 간 월남자 가족의 경우, 이른바 '무상분배'했다는 농토까지 몰수해버렸다. 심지어 월남자 가족의 남자를 잡아다가 총살해 버리고 늙은이, 여자, 아이들만 남겨놓아 굶어죽게 만들기도 했다.

박갑동은 일제 치하에서 독립 운동을 했던 공산주의자이다. 6.25전쟁 당시 남한에 있던 공산주의 지하 조직인 남로당의 총책이었다. 전쟁 이후 월북(越北)한 그의 눈에 비친, 월남자 가족의 모습이다.[32]

"봄에 평양 교외에 나가보니 며느리는 소 대신 앞에서 쟁기를 끌고 늙은

시아버지는 뒤에서 쟁기를 밀고 있었다. 봄이라 하지만 살을 깎아내는 듯한 찬바람이 불었다. 젖가슴도 가리지 못하는 누더기를 입고 전신이 얼어서 새파랗게 된 채 콧물을 질질 흘리며 죽은 것같이 눈을 감고 1분 동안에 겨우 한걸음씩 옮기고 있는 것을 보니, '사회주의'가 아니라 김일성의 '지옥주의'에 내가 왜 왔던가 하는 후회로 내 발등을 찍고 싶은 생각이 드는 것이었다.

월남자 가족의 목에는 '두문패(杜門牌)'가 걸려 있었다. 이것은 허가 없이는 집 밖에 못 나가는 금족(禁足)패다. 죄 없는 가족에게 가해지는 이러한 혹독한 형벌이 20세기 문명사회에 북한 외에 또 어디 있겠는가."

얼마나 많은 사람들이 땅을 잃고 가족을 잃고 비참하게 쓰러져갔던가. 이토록 비극적인 토지개악을 찬탄해마지 않는 이 나라의 소위 '진보 세력'들은 얼마나 비인간적인 짓을 저지르고 있는 것인가.

셋째로 북한의 토지개혁은 '소유권' 분배가 아니라, '경작권' 혹은 '강제 노동권' 분배에 불과했다. 북한의 토지개혁 법령 제 5조는 "몰수한 토지 전부는 농민에게 무상으로 영원히 양여한다."라고 되어 있다. 이 조항만 보면 인민의 지상 낙원처럼 보인다. 무상으로 영원히 농민들에게 토지를 나누어준다니, 나무랄 데 없는 개혁이다.

그러나 같은 법령의 제 10조에는 정반대의 조항이 있다. "농민에게 분여된 토지는 매매치 못하며, 소작 주지 못하며, 저당하지 못한다." 앞에서는 개인이 소유한 토지라면서, 뒤에서는 팔 수도 없고, 다른 사람에게 맡길 수도 없고, 담보로 삼아서 은행 대출을 받을 수도 없고, 오로지 농사를 지을 수만 있다고 한다. 노동하고 경작할 수 있는 권리만 주었다는 말은 결국 소유권은 없다는 뜻이다. 내 것이라면 내가 팔 수도 있고 이런 저런 방법으로 활용할 수도 있어야 하는 것 아닌가?

그나마 경작권이라는 것에도 문제가 있다. 국가가 할당하는 양을 바치기 위해서 경작하는 것이니, 경작의 권리라기보다 강요된 노동에 가깝다. 그것도 권리라고 표현한다면 '강제 노동권'이다. 조선의 인민이 양반 지주의 소작이었다면, 북한의 인민은 김씨 일가와 공산당의 소작으로 전락했다.

그나마 형식상으로 남아있던 토지 소유권은 1954년 4월에 완전히 사라졌다. 북한은 집단 농장을 만들어서 모든 농지들을 집단 농장 소속으로 흡수했다. 결국 토지는 북한 정권의 소유가 되었다. 인민이 인민 정권의 노예가 된 것이다.

넷째로 북한의 토지개혁은 그네들의 선전과 이 나라 종북좌파들의 선동과는 달리, '무상(無償)'이 아니라 '유상(有償)'이었다. 공산주의자들의 말은 끝까지 들어보아야 한다. 앞과 뒤가 다르고, 겉과 속이

다른 것은 그 자들의 상투적인 수법이다. 앞에서 설명한 바와 같이, 토지개혁 법령의 경우 5조는 토지 분배를 말하지만 10조에선 경작권 분배로 제한한다.

무상분배 문제 역시 마찬가지다. 앞에서는 무상으로 분배한다고 선언해놓고 뒤에서는 연간 수확량의 25~40%를 현물세(現物稅)라는 명목으로 징수했다. 공짜로 준다고 해놓고 나중에 돈을 받아갔으니, 공짜가 아니다.

이를 대한민국의 토지개혁과 비교해보자. 우리의 토지 대금은 연간 수확량을 100%로 기준했을 때 150%였다. 수확량의 30%씩 5년만 납부하면 토지를 소유할 수 있었다. 북한에서는 40%에 달하는 현물세를 영구히 부담하게 했으니, 비교할 수 없을 만큼 비싼 값이다.

현물세의 징수는 지독하리만큼 철저했다. 6.25 당시 공산군이 점령한 지역에서 남한 주민들도 현물세의 고통을 겪었다. 징수원이 곡식의 낱알 수까지 일일이 헤아려가며 샘플 수확량을 산출해서 무섭게 세금을 매겼다. 이런 방식으로 실제는 수확량의 50% 이상을 걷어간 경우도 적지 않았다.

현물세 징수를 맡았던 이들은 '평정 위원회' 소속이었다. 박갑동의 회고를 소개한다.[33] "평정 위원회 사람들이 제일 농사가 잘된 논에 가서 한 평을 골라 수확량이 얼마인가를 알아 가지고 모든 농토에 일괄적으로 적용하니까, 실제에 있어서는 그것이 풍년에는 40~50% 이고, 흉년에는 60~70%까지도 됐단 말입니다.

그래서 타작을 해서 현물세로 내고 나면 식량이 두세 달 정도 먹을 것밖에는 안 남는 거예요. 이런 일 때문에 한국 전쟁 당시, 유엔 (UN)군이 북한을 점령하였을 때 평정 위원회에 소속된 사람들이 제일 많이 맞아 죽었습니다.…"

현물세 이외에도 북한 정권의 착취는 가혹했다. 농민들이 닭을 키우면 인민군의 반찬값이라는 명목으로 달걀을 거두어갔다. 농가의 뒤뜰에 있는 밤나무의 밤까지, 고추밭에 있는 고추까지 숫자를 세어 가며 세금으로 거두어들였다.

다섯째로 북한의 토지개혁은 일하지 않고도 잘 먹고 잘 사는 또다른 양반 계급을 만들어냈다. 유고슬라비아의 부통령을 지낸 공산주의자 미로반 질라스는 평등을 강조하는 공산주의 안에 또 다른 특권 계층이 나타난다고 비판했다. 공산주의 종주국 소련에서는 '노멘클라투라'라는 단어가 생겨나기도 했다. 사치를 즐기며 특권을 누리는 공산당 간부 계층을 일컫는 말이다.

비슷한 용어가 좌파에 대해서도 여러 나라에서 만들어졌다. 프랑스에는 '캐비어 좌파'가 있다. 세계에서 제일 비싼 음식인 캐비어(철갑 상어알) 요리를 즐길 만큼 호화로운 좌파들이다. 미국에는 고급차를 몰고 다니는 좌파들을 '캐딜락 좌파' '리무진 좌파'라고 부른다. 한국에는 '강남 좌파'가 있다.

19세기 러시아 철학자 알렉산드르 게르첸은 다음과 같이 썼다. "우리가 따뜻한 응접실에서 샴페인 잔을 부딪치며 사회주의에 관한 잡담을 할 때, 바깥에서 추위와 배고픔에 죽어가는 이들은 가난한 사람들이다." 여기에서 '샴페인 좌파'가 유래되었다. 그 외에도 명품에서 이름을 딴 구찌 좌파, 아르마니 좌파 등으로 부유한 좌파의 명칭은 계속해서 진화하고 있다.

공산당의 조직은 철저히 이중적이다. 군대에도 무기를 들고 싸우는 실전 장교가 있고 공산주의 사상을 주입하는 정치 장교가 있다. 민원과 업무를 처리하는 행정 조직과 함께 사상 감시를 위한 당 조직이 있다.

농촌도 마찬가지이다. 한 개의 리(里)를 예로 들면, 리 인민 위원장이 있고 리 당 위원장이 있으며 협동 조합 위원장도 있다. 그 밑에는 부위원장, 부장, 과장, 지도원이 있다. 공산주의 자체가 거대한 관료제요 감시제이기에 자리가 많을 수밖에 없다.

이처럼 관리자가 많아지면 노동자는 그만큼 줄어든다. 그런데 노동은 하지 않고 감시만 하는 계층이 더 많은 수확을 받아가니, 농민들의 불만이 쌓인다. 북한 주민들은 공산당원들을 가리켜 "입은 공산주의, 뱃속은 자본주의, 궁둥이는 봉건주의"라고 빈정댔다. 대한민국의 토지개혁은 전 국민을 양반으로 만들었지만, 북한의 토지개악은 공산당이라는 또 다른 양반 지주를 만들어낸 것이다.

실제 수확의 50~70%를 빼앗기는데다가, 끊임없는 감시를 받아야 하고, 일하지 않는 당 간부들이 호화롭게 사는 모습을 보면서 비판조차 할 수 없으니, 노동 의욕이 사라지는 것은 당연했다. 노동 생산성이 갈수록 떨어져서 북한을 포함한 공산주의 국가들의 토지개혁은 실패했다.

북한의 토지개혁이 결국에는 실패로 돌아갈 것을 미리 예언한 인물이 있다. 건국 대통령 이승만이다. 앞에서 소개한 바 있는 1948년 12월 4일의 라디오 연설 "토지개혁 문제"에서, 이승만은 정확한 진단을 내린다.

"공산 제도를 행하는 나라에서는 지주의 땅을 건몰(乾沒, 관청에서 몰수함)해서 소작인에게 나누어준다 하나 실상은 농민에게 주는 것이 아니요 농민들에게 맡겨서 경작하게 하고 그 땅은 정부에서 차지하고 있으므로 그 실상을 말하자면 공산 제도가 토지를 인민에게 분배하는 것이 아니라 정부에서 빼앗아서 정부가 대지주가 되고 농민들은 다 소작인으로 경작해서 정부에 바치기만 할 뿐이니, 부유한 대

지주에게 세를 물고 얻어 경작하느니보다 정부의 땅을 얻어서 경작하는 것이 더욱 자유롭지 못하고 속박을 받는 것이니, 전에는 부호의 노예 되던 것이 지금은 정부의 노예가 된다면… 농민 생활에 아무 도움도 없을 것입니다."

또 한 번 건국 대통령의 천재적인 통찰이 빛을 발하는 장면이다. 이승만의 예언 그대로 북한 인민들은 정권의 노예로 전락했다. 이는 또 다른 신분제였다.

조선의 인민과 북한의 인민

조선에서 백성들을 '인민'이라고 불렀다. 대한민국은 이를 '국민'으로 승화시켰지만, 북한은 그 용어를 그대로 계승해서 '인민'으로 부른다. 조선의 인민과 북한의 인민은 유사한 점이 많다. 조선에서는 임금이 어버이였고 북한에서는 수령이 어버이이다. 조선에서는 갓난아기 같은 인민이 우물에 빠지면 위험하기에 임금과 양반의 소위 '보호'를 받아야 했고 북한에서는 인민이 수령의 지도를 따라야 했다. 조선 인민의 최악과 북한 인민의 최악은 정확하게 닮아 있다.

임진왜란 당시 조경남(趙慶男)이 남긴 『난중잡록(亂中雜錄)』에는 그

때의 참상이 기록되어 있다. "조경남이 성중(城中)에 들어갔을 때 마침 명나라 군인이 술을 잔뜩 먹고 가다가 길 가운데 구토하는 것을 보았는데, 굶주린 백성들이 한꺼번에 달려와서 머리를 땅에 박고 핥아먹었는데, 약해서 힘이 미치지 못하는 사람은 밀려나서 눈물을 흘리며 울고 있었다."

탈북 동포들이 만든 동영상 "꼭두각시의 노래"에는 "정치범 수용소 이야기"라는 부제가 붙어 있다. 수용소를 직접 체험했던 주민들의 증언 중에 이런 대목이 있다. "사람들은 배가 고파 돼지 먹이마저도 서로 먹겠다고 싸운다. 나 역시 배가 고파 소똥에 박힌 옥수수 알도 꺼내 먹어야 했다."

명나라 군인의 토사물을 먹으려고 달려들어 싸우는 조선 인민과, 돼지 먹이를 먹으려고 싸우고 소똥에 박힌 옥수수 알을 먹는 북한 인민이 비극적으로 닮아있다.

이보다 더욱 비참한 상황이 『선조실록(宣祖實錄)』의 선조 27년 정월조에 기록되어 있다. "기근이 극심하여 사람 고기를 먹기에 이르렀는데, 아무렇지도 않게 생각해 괴이함을 알지 못한다.… 길바닥에 굶어 죽은 사람의 시신을 베어 먹어 완전히 살이 붙어 있는 것이 하나도 없을 뿐 아니라, 혹은 산 사람을 도살하여 장(腸)과 위(胃), 뇌의 골도 함께 씹어 먹는다."

같은 기록 3월조에는 이런 내용도 있다. "부자(父子), 형제 사이에도 서로 잡아먹는 일이 있다."

사람이 사람을 잡아먹는 세상을 북한 인민들도 겪어야 했다. 2009년 11월 29일, 북한 전문 매체인 「데일리 NK」는 양강도의 40대 남자를 소개했다. 그는 식량난이 악화되고 아내와 아들이 폐결핵에 걸려 사망하자, 정신 질환 증세를 보였다. 정신이 온전치 못하다는 이유로 노동에서 제외되고 배급도 받지 못하게 되자, 딸을 먹여 살리기 위해서 농장에서 감자를 훔치다가 발각되었다.

절도죄로 가혹한 구타를 당한 다음에는 정신병이 더욱 깊어졌다. 급기야 헛것이 보이기 시작했다. 어느 날 그의 눈에 개가 보여서 잡아서 먹었는데, 사실은 딸이었다. 아내가 죽고 아들도 죽고 먹을 것은 없고 끌려가서 두드려 맞는, 인간으로서 견디기 힘든 고통이 이어지면서 정신병이 심해져서 딸이 개로 보인 것이다.

딸을 먹으려고 감자를 훔치다가 맞아서 정신병이 심해진 아버지가 그 딸을 잡아먹었으니, 참담한 비극이다. 비참하게 살았던 조선 인민을 비참의 끝까지 내몰아 최악으로 악화시킨 형태가 북한의 인민이다.

한국의 토지개혁이 평등주의를 구현했다면, 북한의 토지개악은 최악의 차별주의를 낳았다. 북한의 지도층은 세계 최고의 부유층이 되었고, 인민은 최악의 기근으로 죽어갔다. 북한은 심지어 시체조차도 극도로 차별된 나라이다.

세계에서 가장 호화로운 시체 보관소가 북한에 있다. 본래 김일성의 관저로 사용되던 곳을 1995년에서 1997년까지 3년에 걸쳐 1조원을 지출하여 금수산 기념 궁전으로 재건축했다. 김일성의 시체 보관 궁전을 재건축하는 돈을 식량 구입에 지출했다면, 북한 주민들 한 사람도 굶어죽지 않을 수 있었다.

필자가 진행하는 통일한국 리더십 아카데미에 참여한 한 청년은 북한의 현주소를 다음과 같이 썼다. "누구의 시신은 궁전에 모셔지고, 아무개의 시신은 시장에서 고깃덩어리로 팔리는 현실." 살아있는 사람이나 죽어버린 시체나, 극심하게 차별당하는 기막힌 상황이 우리 조국의 북쪽에서 지금도 진행 중이다.

북한의 교육 개악 ① 주체사상 혹은 주체교

토지 문제에 있어서 남쪽에서 개혁이 있었다면, 북쪽에서는 개악이 있었다. 교육 분야도 마찬가지이다. 북한은 소위 '주체사상'을 주창한다. 주체사상은 표면적으로는 '인간 중심의 철학'을 내세우며, 역사 발전의 주체가 인민 대중이라고 주장한다.

그러면서도 "역사와 혁명의 자주적인 주체가 되기 위해서는 당과 수령의 영도 밑에 하나의 사상에 의하여 통일되어야 한다."고 규정하고 있다. 공산당 특유의 이중적인 행태이다. 앞에서는 인간이 중심이요 인민이 주체라고 하고 뒤에서는 인민은 수령을 따라야 한다고 규정한다. '인민민주주의 공화국'이라고 하지만, 실제로는 수령이 절대적 지위와 권한을 가지고 있으며, 인민은 수령에게 철저히 복종해야 한다.

주체사상은 사람에게 육체적 생명과 구별되는 사회 정치적 생명이 있다고 한다. 사회 정치적 생명은 육체적 생명보다 더 중요하다. 육체적 생명은 부모에게서 받지만, 사회 정치적 생명은 김일성 수령에게서 받는다. 따라서 김일성은 인민들에게 생명을 부여하는 어버이 수령이 된다.

주체사상은 다양한 사람들이 모여서 구성한 사회를 인간의 신체에 비유한다. 사회 정치적 생명체를 하나의 몸으로 볼 때, 김일성은 수령으로서 몸의 뇌수가 된다. 당은 혈관이 되고 인민은 신체의 각 부분이 된다. 사람의 인체에서 모든 결정과 지시를 내리는 가장 중요한 역할을 하는 부분이 뇌이다. 마찬가지로 김일성이 뇌가 되어서 지시를 내리면 인민은 손과 발이 되어서 움직여야 한다. 이는 완벽

한 독재요 철저한 인권 유린이다.

북한은 '수령은 인민 대중의 최고 뇌수이며 통일 단결의 중심이며 자주성을 위한 혁명 투쟁의 최고 영도자'라고 선전한다. 이처럼 수령을 높이는 것은 현실적으로 인민을 낮추는 것과 비례한다. 수령이 최고이면 인민은 최저로 낮아지고, 수령이 중심이면 인민은 주변으로 밀려나며, 수령이 영도자이면 인민은 부하가 된다.

김정일은 말했다. [34] "우리가 말하는 당성(黨性)이란 자기 운명을 책임지고 보살펴 주며 빛내어 주는 자기 수령, 자기 지도자에 대한 절대적이고 무조건적인 숭배 사상이다."

'절대적이고 무조건적인 숭배'는 종교적인 표현이다. 절대적이고 무조건적인 숭배를 받는 대상은 인간이 아니라 신(神)이다. 따라서 주체사상의 다른 이름은 '주체교(主體敎)'이다. 북한 전역에 붙어 있는 구호는 대단히 종교적이다. 예를 들어 '어버이 수령이 우리와 영원히 함께 하신다.'는 수령 영생론이 대표적이다. 영원히 사는 존재는 인간이 아니라 신이니, 결국 김일성이 신이라는 뜻이다. 이것 역시 주체사상의 이단 종교적 특성을 보여준다.

북한의 수령론은 '복숭아의 비유'로 설명되기도 한다. 수령은 복숭아의 씨와 같고 인민은 복숭아의 살과 같으니, 복숭아의 살이 씨를 위하여 존재하는 것처럼, 인민은 수령을 위하여 존재해야 한다는 말이다.

표면적으로 주체사상은 김일성이 만들고 김정일이 계승한 것으로 선전되어 왔다. 그러나 사실은 다르다. 주체사상이 내세우는 '인간 중심 철학'은 북한 최고의 철학자였던 황장엽이 주장했다. 이를 남한에 퍼뜨린 인물은 김영환이다.

남과 북에서 주체사상의 대부로 활약했던 이들은 '주체'를 내세운 김일성 일가를 신랄하게 비판한다. 황장엽의 말이다.[35] "이러한 유치한 견해가 그 어떤 과학적 비판의 대상이 될 자격조차 없다는 것은 명백하다.… 그것이 수령의 개인 독재를 정당화하는 데 복무하는 이상 인간 중심의 철학과는 인연이 없으며 인간 중심의 철학을 봉건주의로 왜곡했다는 것은 의심할 여지가 없다."

공산주의자들이 가장 신랄하게 비판하는 대상이 봉건제이다. 귀족은 자자손손 계속해서 귀족이고 노예는 후손 대대로 계속해서 노예인 신분제와, 귀족이 토지와 생산 수단을 독점하는 지주제가 결합되어 봉건제를 이룬다.

그런데 황장엽은 공산주의자들이 제일 뜨거운 목소리로 비난하는 봉건제가 북한에서 부활했다고 지적한다. 그는 남과 북의 대결은 자본주의와 공산주의의 대결이 아니라, 자본주의와 봉건주의의 대결이라고 말한다. 이는 북한 정권에 대한 정확하고도 날카로운 비판이다.

김영환은 1998년 월간 「말」지에 '수령론은 거대한 사기극'이라는 글을 실었다. "명백한 것은 북한 이데올로기의 구성 요소로서의 주체사상 수령론은 허구이며 사기라는 것이다. 그것은 3,000만 북한 인민을 엄청난 고통의 도가니로 몰아넣은, 어떠한 명분으로도 용서할 수 없는 거대한 사기극이다."

이처럼 주체사상은 북한 주민을 노예화하기 위한 김일성 일가의 정신적 무기이다. 주체사상으로 수령 절대주의를 확립한 북한은 이를 모든 교육 과정에 적용했다. 모든 가치의 중심이 수령이라면, 모든 판단의 기준 역시 수령이다. 그렇다면 수령과 상관없는 애국, 수령을 떠난 선행은 아무런 가치가 없다는 논리가 만들어진다.

예를 들어 김일성은 이순신과 이수복을 비교한다. 이순신은 임진왜란 때 나라를 구한 영웅으로 더 이상 설명이 필요 없는 애국자이다. 이수복은 6.25전쟁 당시 소위 '김일성 고지'를 탈환하기 위해 몸을 던져 자폭하며 '김일성 만세!'를 부르고 죽었다는 인민군 병사이다. 상식적으로 이순신 장군이 일개 공산군 병사와 비교된다는 것 자체가 엄청난 모독이다.

그런데 김일성은 오히려 이수복이 이순신과는 비교도 할 수 없는 영웅이라고 말했다. 왜냐하면 이순신은 조선 시대의 봉건 왕에게 충성한 것이지만, 이수복은 수령에게 충성한 것이기 때문이라는 논리이다.

이처럼 수령론을 기준으로 하면 김일성 이전의 모든 영웅들은 존경의 대상에서 제외된다. 김일성보다 먼저 태어나서 활약했기에, 당연히 '어버이 수령'을 알 수 없다. 그렇기 때문에 김일성에게 충성을 바친 인물들보다 모자라고 열등한 존재로 평가된다.

그래서 북한은 6.25 때 공훈을 세운 전투 영웅들의 동상은 작게나마 그들의 고향에 세워주었지만, 우리 민족을 외래의 침략자들로부터 수호한 을지문덕 장군, 강감찬 장군, 이순신 장군과 애국 명장들은 초상화를 그려 붙이는 것까지 금지했다.[36] 우리 역사 전체를 수령론을 기준으로 난도질하고 있는 작태이다.

문화에 있어서도 마찬가지이다. 북한은 모든 문화와 문화 생활은 오직 수령을 찬양하고 수령에게 기쁨을 주는 데 복무할 때만 가치가 있다고 주장한다. 예를 들어 북한에서 제작한 예술 영화 "안중근, 이등박문 쏘다"는 김일성과 같은 수령의 영도를 떠나서는 개인이 아무리 용감하게 싸워도 비극적으로 희생될 뿐이라는 사상을 강조한다.

이순신도 안중근도 을지문덕도 모두 사라져버리고 김일성 일가만이 찬양된다면, 민족의 뿌리도 정체성도 잃어버린다. 공통의 역사와 문화와 언어를 함께하고 있는 공동체가 민족이라면, 북한은 우리와 전혀 다른 역사와 문화를 만들어내고 있으니, 민족을 이질화(異質化),

이단화(異端化)시키고 있다.

북한은 심지어 우리 민족을 일컫는 명칭 자체를 바꾸어 버렸다. 동이족, 배달의 민족, 조선 민족, 한민족으로 불렸던 우리 민족을 '김일성 민족'으로 바꾸어서 부르고 있다. 아예 다른 민족을 만들어버린 것이다. 북한과 종북좌파들은 입만 열면 "우리 민족끼리"를 부르짖지만, 그들의 정체는 민족을 말살하고 있는 반역자들이다. 북한과 종북세력이야말로, 민족사적 범죄 집단이다.

북한의 교육 개악 ② 우상화

가장 무서운 독재는 사상까지도 독점하는 독재이다. 권력과 재산과 문화를 독점할 뿐 아니라 생각할 수 있는 자유마저도 빼앗는 독재이다. 북한은 주민들이 독자적인 생각을 갖는 것을 허용하지 않았다. 오직 수령의 사상과 수령을 찬양하는 문화만을 갖도록 강요해왔다.

생각조차 할 수 없고 지시에만 따라야 한다면, 그가 바로 노예이다. 인민을 수령과 주체사상의 노예로 만들기 위해서 북한은 '우상화 교육'을 강화했다.

어느 나라에서나 갓난아기들이 제일 먼저 배우는 말은 '엄마' 그리고 '아빠'이다. 이는 생명의 자연스러운 현상으로 어느 민족에게나 공통적인 현상이다. 어린 아이가 서투른 발음으로 엄마와 아빠를 찾는 모습은 얼마나 사랑스러운가. 그런데 북한 정권은 그 원초적인 생명의 아름다움마저도 빼앗아간다. 북한의 어린이들이 탁아소에서 가장 먼저 배우는 말은 어처구니없게도 "김일성 원수님" "김일성 어버이 고맙습니다." 이다.

이는 인류 파괴요 인간성 파괴의 무서운 현상이다. 이처럼 무서운 일을 도리어 북한 정권은 자랑스럽게 소개한다. "이 땅에 태어난 새 세대들이 처음 배우는 말은 어버이 김일성 원수님이라는 영광스런 존함이요, 처음에 배우는 노래는 김일성 장군의 노래입니다. 우리 어린이들은 아침마다 탁아소, 유치원에 나오면 어버이 김일성의 아들, 딸이 되고자 맹세하며 기쁜 일이 생길 때마다 어버이 김일성 수령에게 감사부터 드립니다."[37]

부모와 자식의 인연을 수령과 인민의 인연으로 바꿔치기할 만큼 파괴적인 우상화는 북한의 모든 교육 과정에 절대적인 영향을 끼친다. 소학교(초등학교) 국어 교과서 내용의 80% 이상이 주체사상과 김일성 김정일 우상화 내용이다.

수학이나 자연 과학 교과서도 매 장, 매 절마다 김일성과 김정일의 '가르침'이 인용되어 있다. 소학교 전체 교육 시간의 40%가 우상

화 교육에 할당된다. 소학교에서 배우는 우상화 과목들은 다음과 같다.[38]

경애하는 수령 김일성 대원수님 어린 시절
위대한 령도자 김정일 원수님 어린 시절
항일의 녀성 영웅 김정숙 어머님 어린 시절
사회주의 도덕

중학교에 들어가면 우상화 과목이 더욱 많아져서 7개가 된다. 다음은 북한의 중학교에서 가르치는 과목들이다.

위대한 수령 김일성 대원수님 혁명 활동
위대한 수령 김일성 대원수님 혁명 력사
위대한 영도자 김정일 원수님 혁명 활동
위대한 령도자 김정일 원수님 혁명 력사
항일 녀성 영웅 김성숙 어머님 혁명 력사
사회주의 도덕
현행 당 정책

김일성 우상화에 앞장섰던 대표적인 작가가 한설야이다. 그는 친일파였다. 「부산일보」에 일본어로 소설을 써서 노골적으로 일본을 찬양하고 일제에 아부했다. 사생활에서도 술과 방탕을 즐겼던 문란한 인물이었다.

해방이 되자, 한설야는 다급해졌다. 그의 친일 행각에 분노한 독자들에게 공격당할 것이 두려워서 피신했다. 그가 선택한 곳이 「부산일보」의 독자가 없는 평양이었다. 이 나라의 좌파들이 절대적인 공식처럼 주장하는 북한-친일 청산, 남한-친일 잔재의 공식이 정반대로 어긋나고 있는 대표적인 사례이다.

북으로 간 친일파는 김일성을 대대적으로 선전하는 소설 『개선(凱旋)』을 집필했다. 이 소설로 북한 정권의 신임을 얻고 크게 출세한 한설야는 자신의 친구 송영의 딸을 비서로 삼아서 동거하는 작태를 보였다.

이어서 한설야는 김일성의 어린 시절을 다룬 소설 『만경대』를 집필했다. 이 소설을 보고 크게 기뻐한 김일성은 5만부를 인쇄해서 전국에 배포했다. 북한 전역의 소학교에서 부교재로 지정했다. 『만경대』는 어린 시절의 김일성을 항상 이기고 다스리고 복종시키는 영웅으로 묘사했다.

"대동강에 미역 감으러 가서 동무들을 물에 잡아넣어서 항복받았다.… 뒷산에 놀러가서 동무가 나무 위로 올라가면 아래에서 흔들어서 항복받았다.… 싸우면 반드시 이기고 언제든지 동무들에게 대장 노릇을 했다."

애들 싸움에서 이긴 것을 수령의 위대함이라고 묘사한 작가도 유치하고, 그걸 보고 기뻐서 전국에 배포한 수령도 유치하다. 북한 전역에 보급된 소설은 엉뚱한 결과를 낳았다. 부교재로 배포되고 1년이 지난 후, 작가 동맹과 현장 교사들이 만남의 자리를 가졌다. 그 자리에서 교사들은 불만을 털어놓았다.[39]

"우리는 항상 학교에서 어린이들에게 동무가 물에 빠지면 구해줘라, 길에 넘어지면 일으켜줘라, 곤란을 당하고 있으면 힘을 빌려줘라 하고 가르치고 있는데『만경대』에서 경애하는 수령님이 동무들을 물속에 잡아넣고 나무 위에 올라간 동무들을 내려오지 못하게 밑에서 방해를 하여 곤욕을 보이는 것으로 되어 있으니, 모든 것을 수령님을 따르라, 수령님의 본을 따르라고 가르치는 우리 입장에서 어떻게 가르쳐야 합니까?"

우상화 교육이 낳은, 웃지 못할 에피소드이다.

우상화는 요람에서 무덤에까지 진행된다. 북한은 수령 독재 체제에 어긋나는 인민들을 총살하면서도 우상화 교육을 진행한다. 즉 총살 방법에까지 수령 절대주의 노선을 적용하는 것이다.[40] 범죄자들을 공개적으로 총살할 때 반드시 먼저 머리를 쏘게 한다. 총살 대상자 한 명당 3명의 저격수가 배치되니, 이들이 일제히 겨냥해서 쏘면 머리가 박살난다.

이처럼 먼저 머리를 부순 다음, 다른 부위를 쏘는 것이 북한의 총살 방식이다. 범죄자의 머리에 수령의 사상과 다른 사상이 들어가 있기 때문에 머리부터 쏘아야 한다는 것이다. 이것은 수령 절대주의가 보여준 비인간적 잔인함과 반인간적 무자비함의 극치이다.

짓밟히는 인민의 딸, 탈북 여인들

수난의 역사, 밑바닥에는 여인이 있다. 국가가 국민을 보호해주지 못할 때, 여인들은 가장 쓰라리게 짓밟힌다. 5,000년 고난의 역사는 곧 여인들의 수난사였다. 고려에서는 공녀(貢女)로 잡혀갔고 조선에는 환향녀(還鄕女)로 돌아왔다. 일제 치하, 정신대로 끌려갔던 여인네들의 수난사는 북한에서도 계속되었다. 박갑동은 '몸빼입은 북한 여인'을 이야기한다.[41]

"평양의 여성들은 해방 후 김일성 시대에 옷을 한 벌도 해 입지 못했는지 일제시대의 이른바 '몸뻬'를 입고 있었다. 소련의 한 유명한 조각가가 북한에 와서 보고 '조선여성'이란 제목의 조각 작품을 제작했다.

그 '조선여성'의 의복이 '몸뻬' 위에 치마를 입고 있는 것이었다. 소련 화보에서 그것을 봤을 때 나의 마음은 너무나 아팠다. 그것은 우리 여성의 의복을 모르는 소련 조각가의 죄가 아니라 김일성이 정치를 잘못한 죄라는 것을 절실히 느꼈다. 한편으로 생각하면 현실을 본 대로 제작한 리얼리스트 조각가의 김일성 정치에 대한 심각한 풍자일런지도 모르지만.…"

그나마, 김일성 시대에는 몸뻬를 입고라도 북한 땅에서 살 수 있었다. 김정일 시대로 넘어오면서 굶주림에 지친 동포들, 특히 여인들의 탈출 행렬이 이어졌다. 나무껍질 벗겨먹고 쥐 잡아먹으면서 견디던 여인들은 더 이상 버틸 수 없게 되자, 스스로 강을 건너 중국으로 갔다. 가진 것이라고는 몸밖에 없으니, 그걸 물건처럼 중국 남정네들에게 팔았다. 이학준은 직접 만났던 탈북 여인의 사연을 소개한다.[42]

"윤희가 보자기를 끌러 옷을 입고 신발을 신는 동안 전도사가 브로커에게 돈을 건넸다. 브로커가 돈 다발을 셌다. 5,000위안. 굶주림을 면하는 대신 스물다섯 살 여성이 씨받이와 노동으로 평생을 살아야 하는 대가는 겨우 68만원이었다. 북한 한 달 평균 월급의 30배. 이 가운데 윤희네 곡식 빚의 절반인, 4만6,000원을 뺀 나머지는 브로커의 몫이다."

탈북 여성 윤희의 아버지는 1990년대 후반에 식량난으로 죽었다. 어머니는 극심한 영양실조로 눈이 멀어 버렸다. 굶어죽을 수는 없어서 여기저기에서 곡식을 꾸어다 먹었는데, 그것이 빚으로 쌓였다. 곡식 300킬로그램의 빚과 눈 먼 어머니, 어린 동생들을 위해서 윤희는 자신을 팔아야만 했다.

"2005년에 처음 팔렸어요. 서른 넷 먹은 한족(寒族) 남자한테 팔려 갔는데 6개월 지나니까 어느 날 밤에 공안이 왔더군요. 동네 사람들이 신고를 해서 왔대요. …"

중국인들의 신고로 윤희는 공안에 잡혀갔고 다시 북한으로 돌려보내졌다. 그녀가 북한에서 겪은 일은 더욱 끔찍했다. "성병(性病) 검사를 한다면서 피를 한 바가지나 뽑았죠. 여자들은 옷을 벗기고 고무장갑 낀 손으로 생식기 속까지 조사했어요. 앉았다 일어섰다를 스무 번 정도 반복하면 속에 있는 게 모두 다 나오거든요. 임산부도 있었는데 중국 놈 아이를 가졌다고 강제 유산을 시키더라고요. 사람먹으라고 강냉이밥이랑 찬 하나가 나왔는데 중국 감옥에서 먹던 밥이 그리웠어요."

탈북 여성들은 불법 신분으로 언제 잡혀갈지 모르는 신세이니, 돈을 은행에 맡길 수 없다. 중국에서 경찰에게 쫓기게 되면, 돈을 간수할 곳은 더더욱 없다. 따라서 자신을 팔아서 모은 돈은 몸 안에 감추어야 한다. 비닐에 넣어서 자궁 안, 항문 속에 집어넣는다. 그걸 빼앗으려고 북한 당국은 생식기 안까지 수색하고 벌거벗은 채로 앉았다 일어섰다는 반복하게 한다. 지금도 진행되고 있는, 믿겨지지 않는 현실이다.

윤희의 마지막 말이 충격적이다. 중국의 감옥에서 먹던 밥이 그리웠다는 말이다. 이웃 나라의 감옥을 그리워야 하는 고통의 땅이 북한이다.

한국에서 토지개혁과 교육혁명으로 가장 큰 혜택을 본 계층은 젊은 여성이었다. 여자 대학생의 숫자가 무려 17배나 증가했다. 정반대로 북한에서 토지개악과 우상화로 가장 큰 피해를 입은 계층 또한 젊은 여성이었다. 누군가가 잡아가는 것도 아니고 강제로 인신 매매 당한 것도 아니다. 스스로 살기 위해서 이웃 나라로 탈출해서 몸을 팔아야 했다. 팔려가기 위해서 강을 건너다가 목숨을 잃어버린 사례도 허다했다.

천신만고 끝에 탈출에 성공해서 대한민국에 정착한 동포들은 3만여 명에 이른다. 그중의 한 사람, 시인 김수진은 북에서 남으로 온 여정을 간단하게 요약했다.[43] "100년을 떨어진 곳에서 100년을 앞선 곳으로. … 나는 지옥에서 천국으로 들어섰다."

해방 당시 북한은 남한보다 월등한 경제력을 가졌다. 그런데 지금은 정반대가 되었다. 북한은 100년을 뒤떨어졌고 남한은 100년을 앞서갔다. 무엇이 이 거대한 차이를 만들었을까? 그 뿌리는 '국민국가'와 '인민 정권'에 있다. 대한민국은 토지개혁과 교육혁명으로 '국민국가'를 건설했다. 북한에서는 토지개악과 우상화로 '인민 정권'을 수립했다. 그 차이가 천국과 지옥으로 갈라졌다.

그렇다면 천국에 사는 국민은 지옥에서 고통스러워하는 인민을 구출해야 한다. 그런데 집요하게 인민을 외면하려는 자들이 있다. 특이한 것은 그네들의 입에는 온갖 좋은 말들이 주렁주렁 달려있다는 점이다. 말끝마다 '민주'를 부르짖고 '인권'을 내세운다. 그러면서도 그토록 소중히 여기는 인권을 북한 동포들에겐 적용하지 않는다. 짓밟히는 탈북 동포들의 참상을 철저히 외면한다. 대량 아사(餓死)와 탈북의 사실마저도 부정하려고 한다. 심지어 탈북 동포들과 그들을 구출하려는 애국 시민들을 비난하기도 한다.

국회의원이라는 임수경은 탈북자를 변절자라고 불렀다. 서울시장이라는 박원순은 탈북자를 구출하는 이들을 '극우파'로 낙인찍었다. 광화문 앞에서 김일성 만세를 불러도 표현의 자유라는 박원순이, 종북세력의 인권을 그토록 살뜰하게 챙기는 자가, 어째서 고통 당하는 난민을 구출하는 일에는 그토록 무관심하고 적대적일까.

역시, 문제를 해결할 주인공은 국민이다. 인권과 진보와 민주의 가면을 쓰고 대한민국을 부정하고 탈북 동포들을 외면하며 북한 정권을 옹호하는 세력을 철저히 가려내고 구별하며 응징해야 한다. 대한민국의 주인은 국민이며 모든 권력은 국민으로부터 나온다.

맺음말:

■

'국민'은 무엇을
할 것인가

신채호, 정신상 국가

「대한매일신보」에 실린 신채호(申采浩)의 논설 "정신상 국가"의 한 대목이다.

"정신으로 된 국가라 함은 무엇을 이르느뇨, 그 민족의 독립할 정신, 자유할 정신, 생존할 정신, 굴복지 아니할 정신, 국권을 보존할 정신, 국가 위엄을 발양할 정신, 국가의 영광을 빛나게 할 정신 등을 이름이라.

형식으로 선 국가라 함은 무엇을 이르느뇨. 강토와 임금과 정부와 의회와 관리와 군함과 대포와 육군과 해군 등의 나라 형태를 이룬 것을 이름이

라. 오호라. 국가의 정신이 망하면 국가의 형식이 망하지 아니하였을지라도 그 나라는 이미 망한 나라이며 국가의 정신만 망하지 아니하면 나라의 형식은 망하였을지라도 그 나라는 망하지 아니한 나라이니라."

신채호가 이 글을 쓸 때는 1909년, 기울어가던 조선이 멸망의 내리막길로 치닫던 무렵이었다. 나라를 잃어버리는 비운이 시시각각 다가오고 있던 그때, 신채호는 "정신상 국가"를 쓸 수밖에 없었다. 현실 세계에서 국가가 소멸하는 판국이니, 정신 속에서라도 조국을 지켜야 했기 때문이다.

하지만 비극의 시대에 쓰인 글은 결코 비관적이지만은 않았다. 형식은 망했을지라도 정신만 살아있으면 그 나라는 망하지 않았다는, 망국(亡國)의 현실에 대한 강한 부정은 오히려 미래를 긍정하고 있었다.

"독립, 자유 등 정신만 있으면 강토, 주권 등 형식이 없을지라도 그 눈 속에 마음속에 국가가 완전히 있으며 그 머릿속에 뱃속에 국가가 웅비하여 그 국민 머리 위에는 그 나라의 하늘이 있고 그 국민 발 아래에는 그 나라의 땅이 있으며 그 국민 한 몸에는 그 나라의 독립 자유 등의 실력과 광채가 있어서 마침내 그 국가를 건립할 날이 있을 것이니 이와 같은 나라는 오늘 세우지 못하면 내일 세우며 내일 세우지 못하면 또 다음날 세워서 반드시 세우고야 마는 것이다."

멸망해 버린 국가라 해도, 국민의 정신 속에 조국이 광채로 살아있으면, 머리 위로는 조국의 하늘이 있고 발 아래에는 조국의 땅이 있으면, 언젠가는 역사의 지평 위에 찬란하게 부활하게 된다. 오늘 나라를 세우지 못하면 내일 세우고 내일 세우지 못하면 다음날 새우게 되는 것이니, 시간문제일 뿐이다.

신채호의 글은 예언이 되었다. 망국민의 가슴 속에만 살아있던 나라는 36년의 암흑기와 3년의 준비기를 거쳐서 1948년 대한민국으로 부활했다.

그로부터 한 세기가 넘게 지난 지금, 신채호의 글을 다시 읽는다. 식민지로 전락하기 직전이었던 어제의 글을 세계의 5대 공업 국가, 7대 무역 국가가 된 오늘에 읽는다. 그런데 이제는 반대로 적용될 예언이 될 수도 있다는 생각에, 오히려 암울하다. 어두웠던 어제 희망을 주었던 말들이 밝게 빛나는 오늘 절망의 선언이 될 수도 있다.

정신상 국가만 살아있으면 오늘이 아니면 내일, 내일이 아니면 다음날이라도 나라를 세우게 된다. 하지만 정신상 국가가 죽어버렸다면, 오늘이 아니면 내일, 내일이 아니면 다음날이라도 나라는 무너

지고 만다.

우리의 정신 속에, 혼과 얼 속에 간직되어야 할 조국을 지워버리는 세력이 있다. 대한민국의 정통성을 부정하고, 조국의 이름으로 이루어진 성취를 부정하는 자들이다. 동시에 북한의 이단성을 부인하고 북녘 땅의 처참한 실패를 외면하는 자들이다. 그네들의 정신상 국가는 북한이다. 그 자들이 득세하게 되면 대한민국은 북한과 같은 처참한 몰골이 되어버린다. 이제까지의 모든 성취는 물거품처럼 사라져버리고 만다.

황장엽, 남북 대결의 본질

황장엽은 남북 대결을 본질을 다음과 같이 갈파했다. "민족사의 정통성과 삶의 양식과 거짓과 진실을 놓고 다투는 타협이 절대로 불가능한 총체적 권력투쟁이다." 남과 북을 모두 경험한 최고의 철학자가 남긴 명언이다. 한 마디 한 마디가 핵심을 담고 정곡을 찌른다.

첫째로 남과 북의 대결에는 민족사의 정통성과 삶의 양식이 걸려 있다. 어느 쪽이 5,000년 길고 유구한 역사를 지닌 한민족을 대표하느냐를 결정하는 전쟁이다. 한쪽이 정통이면 다른 한쪽은 이단이 된다. 다소 이론적이고 추상적으로 들리는 정통과 이단의 문제는 사실 어떻게 사느냐를 규정할 만큼 구체적이고 현실적이다.

김정일은 북한 노동당의 고위 간부들에게 이런 폭언을 자주 했다. "당신들에게서 수령의 신임을 떼어놓으면 단순한 고깃덩어리에 불과하다." 남북 대결은 사상과 자유를, 혼과 얼을 수령에게 바친 고깃덩어리로 사느냐 생각하고 표현하고 행동할 수 있는 자유인으로 사느냐는, 삶의 방식을 결정하는 운명적인 결전이다.

둘째로 남북 대결은 거짓과 진실의 싸움이다. 종북좌파들의 주장처럼 정말로 북한의 토지개혁이 성공했는가? 대한민국의 토지개혁은 실패했는가? 그렇다면 왜 북한에서는 대량 아사가 발생했고 대한민국은 한강의 기적을 이루었는가? 인민의 낙원이라는 북한에서 왜 인민의 딸들이 스스로 몸을 내놓아 팔려가는가?

어둠은 빛을 이기지 못한다. 사사건건 북한을 편들며 거짓을 일삼아 온 자들의 정체는 결국에는 폭로된다. 문제는 시간이다. 고르바초프의 명언처럼, 역사는 늦게 온 자들을 기다려주지 않는다. 너무나 당연하고 상식적인 진실을 밝히는데 너무 오랜 시간이 걸리고, 너무나 뻔뻔한 거짓말에 너무 오래 속아 있던 민족에게, 역사는 기회를 주지 않는다.

셋째로 남북 대결은 타협이 불가능한 총체적인 투쟁이다. 이 나

라의 소위 지식인이라는 부류에서 즐겨 쓰는 무기가 있다. 양비론
(兩非論) 혹은 양시론(兩是論)이다. 북한도 문제이지만 남한도 문제라
는 식이다. 남한에도 옳은 점이 있고 북한에서 옳은 점이 있다는 말
투이다.

마치 중립인 것처럼 말하지만, 그 자들의 정체를 추적해보면 중립
이 아닌 경우도 많다. 북한의 수용소를 예로 들어보자. 처음에 종북
세력은 북한에 수용소가 없다고 주장했다. 그러나 부인할 수 없는
증거가 계속 드러나자. 그들은 교묘하게 양비론으로 빠져나갔다. 누
군가는 이렇게 썼다. "북한의 수용소는 전두환의 삼청 교육대보다
조금 나은 것이다."

삼청 교육대에서 사람이 굶어죽은 적이 있었던가? 쥐를 잡아먹고
소똥에 박힌 옥수수알을 빼먹은 사례가 발견되었는가? 교묘한 양비
론은 거짓을 감싸는 악의 도구이다.

실제로 남한에도 문제가 있고 북한에도 문제가 있다. 남한에서는
수입 쇠고기를 한우라고 속여서 파는 자들이 있다. 북한에서는 사람
고기를 돼지고기라고 속여서 팔았던 사례가 있다. 이 두 가지가 같
은 문제일까? 수입 쇠고기를 국산이라고 속이는 사회와 사람 고기를
돼지고기라고 속이는 사회가 똑같이 문제 있는 사회인가?

양비론자들은 양쪽이 다 문제가 있으므로 한발자국씩 물러나 서

로를 인정하고 대화해서 합일점을 찾자고 한다. 그렇다면 남쪽에서는 수입 쇠고기를 한우라고 하지 말고 그대로 수입 쇠고기라고 하고, 북쪽에서는 사람 고기를 돼지고기라고 하지 않고 그대로 사람 고기라고 해서 서로를 인정하면 통일이 될까?

사람 고기를 먹는 끔찍한 일은 없어져야 할 문제다. 그걸 존중하고 인정하고 대화한다는 것은 문명을 포기하고 야만으로 돌아가자는 헛소리이다.

양비론을 구사하는 김회권은 "다시 주체사상과 기독교를 말한다."는 글에서 썼다. "일탈과 왜곡으로 나아간 그 주체사상의 모습은 그들이 상대편인 남한 사회의 심각한 매판성과 신식민지스러운 요소 가운데서의 왜곡된 응답 이외에 다름 아닌 것이다.… 주체 북한의 왜곡은 상대적으로 매판적인 남한의 왜곡의 피사체이다."

도대체 무슨 소리인가? 주체사상이 잘못된 것이 어떻게 대한민국의 책임인가? 김회권은 '남한 사회의 심각한 매판성과 신식민지스러운 요소'를 지적한다. '매판'의 사전적 정의는 '개인의 사사로운 이익(私利)를 위하여 외국 자본과 결탁하여 제 나라의 이익을 해치는 일. 또는 그런 일을 하는 사람'이다.

이 말은 제국주의에 나라를 팔아넘겼던 앞잡이들을 비난하면서 사용된 말이다. 이 단어를 즐겨 사용하는 집단이 북한과 종북세력이다.

1964년에 김일성은 '남조선 혁명의 기본 임무는 남조선에서 미제국주의 침략 세력을 내쫓고 그 식민지 통치를 없애며'라는 소위 "남조선 혁명론"을 발표했다. 한국을 미국의 식민지로 규정한 것이다.

1984년 소책자 『예속과 함정』이 운동권의 지하 베스트셀러가 되었다. 그 내용은 김일성의 주장을 발전시킨 것이다. "모든 불행과 고통의 근원은 미국에 있다. 미국으로부터 해방되지 않고서는 이 짜증스러운 가난과 정치적 억압과 저질스런 문화권에서 벗어날 수 없다. 미국은 종주국이고 우리나라는 신식민지이다.… 우리나라의 기본 모순은 제국주의와 신식민지 간의 모순이다. 그리고 그것에서 파생되어서 나오는 모순이 매판 세력과 우리 민중 간의 모순이다."

여기에 김회권이 사용한 '신식민지'와 '매판'이라는 용어가 등장한다. 『예속과 함정』의 저자는 미국 유학생 출신의 간첩 김성만이었다.[44] 김일성과 간첩과 종북세력들이 사용하는 용어를 가지고 김회권은 남한을 진단한다.

남한의 심각한 문제 때문에 북한의 주체사상도 왜곡되었다는 논리를 펼친다. 남한이 너무나 주체적이지 못하고 새로운 형태의 식민지가 되어버렸기 때문에, 이에 대한 반작용으로 북한이 지나친 주체로 나아갔다는 식이다. 남한도 문제이고 북한도 문제라는 식으로 말하면서도, 결국 북한 문제의 원인이 남한에 있다는 지적이다.

매판이고 신식민지라고 모호하게 말한 김회권에게 묻고 싶다. 대한민국이 어느 나라의 매판이고 신식민지인가? 북한의 주장 그대로 미국의 식민지라는 뜻인가? 인류 역사상 어느 식민지가 세계 5대 공업 국가가 되고 7대 무역 국가가 된 적이 있는가?

2000년 이후로 한국이 미국과의 무역을 통해서 얻은 흑자는 1,371억달러(약 138조원)가 넘는다. 식민지는 본국에 의해 착취당하는 지역이다. 그런데 신식민지가 본국과 무역을 해서 138조가 넘는 천문학적인 액수의 돈을 벌어들였다면, 그래도 '신식민지'인가?

이런 자들에게 필요한 작업이 문맹 퇴치요 필요한 인물이 이승만이다. 송복은 '현실 문맹자'를 논한다.[45] 글자는 읽으면서도 현실을 읽지 못하는 자들이다. 문맹이 글장님이라면, 현실 문맹은 현실 장님이다.

"대한민국에는 여전히 대한민국의 어제와 오늘을 부정하고 거부하는 이설자(異說者)나 반대자가 많다. 여전히 대한민국의 실제를 왜곡하고, 실체를 불신하고, 실상을 허상으로 여기는 세력들이 활개를 치고, 그들의 목소리 또한 더없이 높고 거세다. 실지(實地)와의 크나큰 괴리를 인정하지도 인식하려고도 하지 않는 그 현실 문맹자가 아직도 이 나라에는 헤아릴 수 없이 많다는 것이다."

양비론, 혹은 양시론의 문제점은 타협과 절충을 절대시한다는 점이다. 타협이 절대적인 선(善)일 수 없고 절충이 최고의 가치일 수도 없다. 악의 세력과는 타협이 불가능하다. 타협하는 순간, 악의 일부가 되기 때문이다.

진지전, 그리고 다시 '국민'

21세기의 자유민주주의 국가 대한민국을 설명할 수 있는 이론은 아이러니하게도 이탈리아 공산당의 창시자 안토니오 그람시(1891~1937)의 '헤게모니'와 '진지전'이다.

헤게모니는 본래 정치적 권력을 의미하는 용어였다. 그람시는 헤게모니의 개념을 확대해서 지적, 도덕적, 문화적 영향력을 뜻하는 용어로 사용했다. 지배 계급이 사용하는 지배 수단이 정치적 권력만이 아니라 지적, 도덕적, 문화적인 주도권과 영향력임을 밝힌 것이다.

그람시는 공산주의자들이 헤게모니를 장악하는 방법이 '기동전과 진지전'이라고 말한다. 기동전은 글자 그대로 기습 작전이다. 러시아의 공산주의 혁명이 여기에 해당된다. 혁명을 일으켜서 무력과 폭력으로 국가를 장악하는 방법이다.

기동전은 러시아, 쿠바, 중국 등 후진 농업 국가의 효과적인 공산화 전략이었다. 그러나 선진 자유민주주의 국가에서 폭력 혁명과 같은 기동전은 사실상 불가능하다. 바로 이 지점에서 그람시의 '진지전' 이론이 빛을 발한다.

참호를 파서 몸을 숨기고 오래 동안 싸우는 진지전처럼, 장기적인 투쟁 전략을 펴서 공산화를 이루어야 한다는 주장이 진지전이다. 그람시는 혁명가들이 민중 속으로 파고 들어가서 지적, 도덕적, 문화적인 진지를 구축해야 한다고 역설했다. 진지를 통해서 헤게모니를 장악하면, 사회 전체를 구조적으로 공산화시킬 수 있다는 주장이다.

그람시의 진지전 이론이 한반도의 남쪽에 얼마나 효과적으로 적용되었는지 확인하는 것은 너무나 간단하다. 서점에 가보라. 온통 좌파 서적 일색이다. 학교에 가보라. 좌경화된 교육이 곳곳에서 진행된다. 영화관에 가보라. 공산주의, 좌파 운동가들을 미화하고 사실이 아닌 것을 사실처럼 묘사한 영화들이 줄줄이 '흥행 대작'이 된다.

우리 역사상 최고의 베스트셀러 작가는 이문열이다. 전 국민이 5,000만인 나라에서, 한 사람의 책이 필자의 추측으로, 2,000만권이 넘게 팔렸다는 사실은 그야말로 기록적인 기록이다.

하지만 초베스트셀러 작가조차도 좌파 일색의 문화계에서 수난을 피할 수 없었다. 오히려 그의 명성 때문에 더욱 처참하게 수난당했다. 그의 정치적 노선이 종북(從北)도 아니고 좌파도 아니었기 때문이다. 종말론적인 형식으로 좌익들의 정체를 폭로한 소설『호모 엑세쿠탄스』의 서문에서 이문열은 말한다.[46]

　"『호모 엑세쿠탄스』에 투영된 작가의 정치적 견해는 용서 못할 문학적 반칙이라도 되는 것처럼 욕부터 하고 덤비는 까닭을 참으로 알 수가 없다. 아무리 몸을 낮춰 살펴보아도 그것은 문학적이지도 문화적이지도 못한 비방이요, 염치없고 상식도 갖추지 못한 정치적 시비로만 들린다. 막말로, 엎어져도 왼쪽으로 엎어져야 하고 자빠져도 진보 흉내를 내며 자빠져야 한다는 소리와 다름이 없다.

　어떻게 해서 특정한 이념이나 정치적 노선에 동조해 발언하는 것은 치열한 작가 의식이요 투철한 산문 정신이며, 거기 상반되는 이념이나 정치적 성향을 드러내는 것은 온당치 못한 문학이고 무책임한 정치 개입이 되는가."

　최근의 고등학교 교과서 문제는 우리의 현실을 극명하게 보여준다. 20여 개의 학교에서 대한민국을 긍정한 교학사 교과서를 채택하려고 했다. 하지만 좌파의 압력과 극심한 반대로 철회했다. 결국 교학사 교과서를 선택한 학교는 단 한 곳이었다. 스코어로 표현하면

2,320 대 1이니, 이 정도면 좌파가 우세한 수준이 아니라 좌파 독재이다.

좌파가 헤게모니를 장악한 세상에서, 어떻게 살아야 할까? 진지전에 당했으니, 진지전으로 되찾아야 한다. 정치, 경제, 교육, 문화, 언론, 종교, 복지, 국방의 모든 분야에서 참호를 파고 좌파 독재에 대항해야 한다. 진실이 살아남기 위하여, 대한민국이 생존하기 위하여, 피와 땀과 눈물로 쌓아올린 성취를 지켜내기 위하여, 싸워야 한다.

이 싸움은 황장엽이 말한 총체적 권력 투쟁이요 신채호가 외친 정신상 국가의 싸움이다. 대한민국을 정신의 조국으로 삼는 애국 세력과 북한을 머릿속에 이고 다니는 반역, 종북좌파의 싸움이다. 싸움의 가장 강력한 무기는 진실이다. 황장엽은 김정일의 아킬레스건을 다음과 같이 폭로했다.[47]

"그는 공개할 수 없는 많은 비밀을 가지고 있다. 그는 자기의 자질을 높이고 인민을 위하여 헌신적으로 복무하는 원칙적인 방법으로 스스로의 권위를 높이려고 하는 것이 아니라 선전과 모략의 방법으로 자기에 대한 환상을 조성해 보려고 애쓴다.

그는 남한과의 경쟁에서도 나라를 부강하게 만드는 방법으로 이기려고 하지 않고 테러와 모략의 방법으로 그리고 무력 침공의 방법으로 이기려고 한다. 그는 많은 사람들을 무참히 죽였으며 공개할 수 없는 많은 비행을 저질렀다.

그는 이러한 비행이 폭로되는 것을 가장 두려워한다. 이 때문에 그는 '당 생활에서 비밀을 지키는 것이 생명'이라고 하면서 신문에 공개된 것 이외에는 모두 비밀이기 때문에 말하면 안 된다고 한다. 비밀이 새나간다고 하여 당 중앙의 부부장 이상 간부들의 부인은 원칙상 직장에 나가 일하는 것을 금지하고 있다."

김정일이 그토록 무서워하는 진실을, 그의 추종자들인 종북좌파역시 치명적으로 두려워한다. 아무리 짙은 어둠도 진실의 빛을 이길 수 없다. 애국 시민이 참호를 파고 진지에 들어가서 쏘아야 할 총탄은 진실이다. 북한의 실상과 대한민국의 실제에 대해서 끊임없이 말하고 글을 쓰고 책을 내고 인터넷에 댓글을 달고 진실을 알려야한다.

탈북 동포들은 북한을 있는 그대로 체험한 진실의 증언자들이다. 그들을 구출하여 한국 사회에 정착하도록 도와야 한다. 탈북 동포들이 북한에 남아있는 가족들을 돕게 하고 북한 정권의 만행을 폭로하도록 해야 한다. 진실을 담은 전단을 풍선에 담아 북에 보내고, 남과북의 상황을 알리는 영상도 만들어야 한다. 연극, 거리 공연, 음악회, 강연회 등도 열어야 한다.

정치, 경제, 사회, 문화, 교육, 종교계의 각층에 침투한 종북세력들의 정체를 폭로하고 항의해서 무력화시켜야 한다. 사사건건 대한민국을 헐뜯고 북한 정권을 편드는 정당은 해산하도록 국민들이 일어나야 한다. 하려고 마음먹으면 해야 할 일은 참으로 많다. 싸우려고 마음먹으면 싸워야할 전선은 광범위하게 펼쳐져 있다. 대한민국은 지금 내전 상태이다.

이 싸움은 다윗과 골리앗의 싸움이다. 역사는 다윗을 찾는다. 북한과 종북이 거짓된 선전과 선동과 모략으로 만들어낸 골리앗과 같은 거대한 환상을, 진실의 돌을 던져 깨뜨려버릴 다윗을 부른다. 다윗의 다른 이름은 '국민'이다. 포기할 수도 없고 타협할 수 없고 물러설 수도 없는 싸움의 주체는 '국민'이다. 이승만의 토지개혁으로 경제적 노예 상태에서 해방된 국민이다. 건국 대통령의 교육혁명으로 까막눈에서 벗어나 정신적으로 독립한 국민이다.

이승만은 국민을 믿었다. 5,000년 외세에 짓밟히고 압제에 시달렸지만, 무지렁이 백성들 안에 위대한 국가를 건설할 수 있는 국민의 가능성이 있음을 믿었다. 이승만의 숭고한 믿음은 찬란한 현실이 되었다. 그가 해방시킨 국민은 공산주의를 막아내고 절대 빈곤에서 탈출했으며 산업화를 이루어내고 민주주의를 성취했다.

북녘 땅의 인민들 역시 국민을 기다린다. 박갑동은 대동강에서 만난 여인의 목소리를 전한다.[48] "사실은 저의 주인(남편)을 낙동강에서 보았다는 사람도 있고 서울에서 보았다는 소리도 들려와요. 차라리 죽었다면 단념이라도 할 수 있겠지만.… 이 대동강 물에 몸을 던져 영혼이라도 그이가 살아 있다는 서울에 갈 수 있다면.…"

"집에는 70이 가까운 시오마니(시어머니)가 계세요. 집도 뺏기고 아래채 방 한 간을 겨우 유지하고 있어요. 시오마니가 돌아가시면 이 대동강 물에 빠져 어디까지 갈 수 있는가 떠내려가 보겠어요. 서울까지 다 못가더라도 도중까지라도 가보다가 죽겠어요."

"나는 그 여인의 마음이 이상하게도 나의 마음과 흡사한 것에 놀라지 않을 수 없었다. 모든 이북 동포들의 마음이 서울로 향하고 있는데 서울은 왜 그들의 마음을 집중시켜 한 덩어리의 큰 힘으로 모을 수 없는가. 서울은 남북 동포의 마음의 고향이며 구심점이 되어 있는 것이 확실했다."

남쪽의 국민들은 한강의 기적을 이루었다. 북쪽의 인민들은 대동강의 비극으로 쓰러져갔다. 이제 종북을 척결하고 한강의 기적을 지켜내며 마침내 인민을 해방하여 대동강의 기적을 이루어야 한다.

이 절체절명의 시기에, 역사는 다시금 국민을 호출한다. 빈곤과 싸우고 공산화와 싸우며 권위주의와 싸워서 선진 한국, 자유 대한을 이루어낸 국민들이 좌파 독재와 싸우고 인민을 해방하여 통일 강국을 이루어내기를 기원하며, 글을 맺는다.

주

1 최성재, "인류 역사상 가장 아름다운 토지개혁"「조갑제닷컴」2013. 8. 10

2 혼마 규스케,『조선잡기』, 최혜주 역주 (김영사, 2008), pp.155~156 요약 인용

3 제이콥 로버트 무스,『1900, 조선에 살다』, 문무홍 외 옮김 (푸른역사, 2008), pp.84~85

4 제이콥 로버트 무스,『1900, 조선에 살다』, pp.146~147

5 제이콥 로버트 무스,『1900, 조선에 살다』, p.151

6 이규태,『죽어도 나는 양반, 너는 상놈』(조선일보사, 2000), pp.115~116

7 백성현, 이한우,『파란 눈에 비친 하얀 조선』(새날문화사, 1999), p.205

8 미야지마 히로시,『양반』, 노영구 옮김 (너머북스, 2014), pp.82~83

9 송호근,『인민의 탄생』(민음사, 2011), pp.30~31

10 이규태,『죽어도 나는 양반, 너는 상놈』p.134

11 이희근,『백정, 외면당한 역사의 진실』(책밭, 2013), p.65

12 송호근,『인민의 탄생』p.67

13 이윤우,『제중원 박서양』(가람기획, 2010), pp.128~129

14 이규태,『죽어도 나는 양반, 너는 상놈』p.159

15 송호근,『인민의 탄생』p.140

16 이승만,『독립정신』, 김충남 김효선 풀어씀 (동서문화사, 2010), pp.104~105

17 송복, "이승만의 저술 활동과 역사적 의미",『저서를 통해 본 이승만의 정치 사상과 현실 인식』(연세대학교 출판부, 2011), p.24

18 이철승, 박갑동,『대한민국, 이렇게 세웠다』(계명사, 1998), p.148

19 프란체스카 도너 리,『프란체스카의 난중일기-6.25와 이승만』(기파랑, 2010), p.50

20 손세일, "손세일의 비교 평전 (107) 한국 민족주의의 두 유형-이승만과 김구"「월간조선」2013년 3월호

21 신태범, "인천 터주대감 신태범의 짧

은 자서전-인생 89년의 수수께끼" 「월
간조선」 2001년 1월호

22 신일철, 『북한 주체사상의 형성과 쇠
퇴』, (생각의 나무, 2004), p.449

23 이호, 『하나님의 기적 대한민국 건국
II』 (하라출판, 2013), pp.34~35

24 우석훈, 『괴물의 탄생』 (개마고원,
2008), p.141

25 이승만, 『독립정신』, pp.17~18

26 김지은, "정보화 시대의 그늘, 한글
문맹자 300만명의 고민" 「월간조선」
1999년 12월호

27 신현확, "이승만과 1950년대를 다시
본다" 「월간조선」 2000년 11월호

28 신봉승, 『국가란 무엇인가』 (청아출
판사, 2011), pp.88~89

29 송호근, 『시민의 탄생』 (민음사,
2013), p.284

30 박명규, 『국민·인민·시민』 (소화,
2009), pp.82~83

31 송호근, 『시민의 탄생』, p.333

32 박갑동, 『서울 평양 북경 동경』 (기린
원, 1988), pp.44~45

33 이철승, 박갑동, 『대한민국, 이렇게
세웠다』, p.192

34 황장엽, 『어둠의 편이 된 햇볕은 어둠
을 밝힐 수 없다』 (월간조선사, 2001),
p.340

35 황장엽, 『나는 역사의 진리를 보았다』
(한울, 1999), p.387

36 황장엽, 『어둠의 편이 된 햇볕은 어둠
을 밝힐 수 없다』, p.212

37 국토통일원. 『북한 탁아소 제도의 문
제점』(1977)

38 이용희, 『북한 바로 알기』 (자유와 생
명, 2014), p.51

39 박갑동, 『서울 평양 북경 동경』, p.105

40 홍진표, 『교과서가 가르쳐주지 않
는 북한의 진실』 (시대정신, 2004),
pp.57~58

41 박갑동, 『서울 평양 북경 동경』, p.86

42 이학준, 『천국의 국경을 넘다』 (청년
정신, 2011), pp.85~87

43 김수진, "백년을 떨어진 곳에서 백년
을 앞선 곳으로" 『조갑제닷컴』 2014.
11. 24

44 우태영, 『82들의 혁명놀음』 (도서출
판 선, 2006), p.120

45 송복, "이승만의 저술 활동과 역사적
의미", 『저서를 통해 본 이승만의 정치

사상과 현실 인식』, p. 3

46 이문열, 『호모 엑세쿠탄스』(민음사, 2007), p. 8

47 황장엽, 『어둠의 편이 된 햇볕은 어둠을 밝힐 수 없다』, p. 100

48 박갑동, 『서울 평양 북경 동경』, p. 18

이승만의 토지개혁과 교육혁명

펴낸날	초판 1쇄 2015년 5월 1일
	초판 6쇄 2023년 8월 10일

지은이	이호
펴낸이	김광숙
펴낸곳	백년동안
출판등록	2014년 3월 25일 제406-2014-000031호

주소	경기도 파주시 광인사길 22
전화	031-941-8988
팩스	031-8884-8988
이메일	on100years@gmail.com

ISBN	979-11-86061-18-3 04300
	979-11-86061-55-8 04080 (세트)